André und Simone – Die Familie Weil

Die Familie Weil 1916

Sylvie Weil

André und Simone – Die Familie Weil

Aus dem Französischen
von Ellen D. Fischer

LEIPZIGER UNIVERSITÄTSVERLAG 2010

Bibliografische Information der Deutschen Nationalbibliothek
Die Deutsche Nationalbibliothek verzeichnet diese Publikation in der Deutschen Nationalbibliografie; detaillierte bibliografische Daten sind im Internet über http://dnb.d-nb.de abrufbar.

Ouvrage publié avec le concours du Ministère Français chargé de la culture – Centre national du livre.
Die Veröffentlichung dieses Buches wurde vom *Centre national du livre* des französischen Ministeriums für Kultur gefördert.

Ein Dank gilt Sylvie Weil für die freundliche Bereitstellung der in dieser Publikation abgedruckten Fotos.

Originaltitel:
Chez les Weil. André et Simone

Gesamtgestaltung: berndtstein | grafikdesign, Berlin
Druck: Hubert & Co., Göttingen
ISBN 978-3-86583-372-3

Für Eric

Inhaltsverzeichnis

Prolog

Es kam mehr als einmal vor, daß ich Simone verleugnete. Ich schämte mich dieser Verwandtschaft wie eines Makels. Manch einer wird das schockierend oder höchst albern finden. Aber so ist es eben.

Ein Beispiel: Mein erstes Mittagessen in meiner neuen Schwiegerfamilie in Brooklyn. Meinen jetzigen Schwiegereltern bin ich schon begegnet, aber heute soll ich meine Schwägerin, ihren Mann und zwei Kusinen kennenlernen, die sehr neugierig darauf sind, wie denn die Französin aussieht, die ihr Vetter Eric vor nun schon zwei Monaten in einem eher schäbigen Nebengebäude des Bürgermeisteramtes der Bronx geheiratet hat, ohne vorher jemandem Bescheid zu sagen. Vetter Eric, der niemals etwas macht wie alle anderen, hat unsere Vermählung schließlich doch vor drei Tagen seinen Eltern am Telefon bekannt gegeben. Mit Begeisterung ist die Neuigkeit von seiner Mutter nicht aufgenommen worden. Sie bat ihn, meinen Namen zu buchstabieren. Uff, der Name geht schon mal durch. Doch bin ich Europäerin, geschieden, ich habe ein Kind. Sie erhofft sich etwas Besseres, jemand Glänzenderes für ihren einzigen Sohn und macht keinen Hehl daraus. Die Tatsache, daß mein Vater André Weil ist, »ein sehr großer Mathematiker und sogar einer der größten«, wie es ihr Eric erklärt hat, läßt sie unbeeindruckt.

– So? Auch du warst ein brillanter Mathematiker, bevor du Medizin studiert hast, erwidert sie ihm.

Die Frage wird mir schon zu Beginn der Mahlzeit vom Schwager gestellt:

– Weil? Bist du etwa mit der Philosophin verwandt, die dann katholisch geworden ist?

Die beiden Kusinen spitzen die Ohren und betrachten mich voller Interesse. Die eine fügt hinzu:

– Und Antisemitin. Dazu noch während des Krieges, als man die Juden umgebracht hat. In einer meiner Vorlesungen an der Uni hat man über sie gesprochen. Eine Schande, so was.

– Wie also, seid Ihr miteinander verwandt? fragt die andere Kusine.

Mir will die Sprache versagen, und ich stammele feige:

– Hm, nein, nun ja, vielleicht weitläufig verwandt.

Mein Schwiegervater erkundigt sich, über wen geredet wird. Seine Tochter antwortet ihm:

– Über Simone Weil, eine französische Philosophin, anscheinend eine große Mystikerin. Ich habe einen katholischen Kollegen, der sie enorm bewundert.

Aber so bald gibt die Kusine nicht auf.

– Selbstverständlich bewundern sie die Katholiken. Sie wollte nicht jüdisch sein. Sie verabscheute die Juden.

Ich blicke auf meinen Teller und warte, bis alle gesagt haben, was dazu zu sagen ist, dann beglücke ich meine neuen Familie mit einem offenen Lächeln. Ich werde das Thema Simone in einem Wortschwall untergehen lassen.

– Vielleicht bin ich mit Marcel Proust verwandt, seine Mutter war, wißt ihr, eine Weil, Jeanne Weil. Es gibt viele Weils. Es ist der am weitesten verbreitete jüdisch-elsässische Name, ich glaube, es sind die Levys, die zu Napoleons Zeiten in Weil umbenannt wurden. Auffällig ist, daß meine Familie ihren Namen Weil bis 1918 mit zwei L schrieb, das entsprach der elsässischen Schreibweise. Aber kurz nach dem ersten Weltkrieg wurde ein Fehler in den Zivilstandspapieren meines Großvaters gemacht …

Gerettet. Simone hat man vergessen. Jedenfalls haben meine Schwiegereltern nie von ihr gehört, und es interessiert sie auch nicht. Meine Schwägerin wird einige Jahre später, nachdem sie ein Foto meiner Tante auf dem Umschlag eines ihrer Bücher gesehen hat, einen erneuten Vorstoß unternehmen und mir sagen: »Es ist einfach undenkbar, daß Ihr nicht miteinander verwandt seid«. Aber da war das schon völlig unwichtig geworden.

Meine Schwiegermutter wird stets davon überzeugt bleiben, daß ihr Sohn in Mathematik meinem Vater weit überlegen ist. Durch nichts und nie und nimmer wird sie von dieser Auffassung abzubringen sein. Eine Mutter, wie man sie sich nur wünschen kann!

Platon oder Diophant?

In den 60er Jahren klingelt eine zweiundzwanzigjährige, frischgebackene *Agrégée* in klassischer Philologie in Paris an der Tür einer der großen Griechisch -Professoren an der Sorbonne, den sie irrsinnig bewundert, in der Hoffnung, bei ihm eine Dissertation beginnen zu können. Die junge *Agrégée* ist leidenschaftlich an Griechisch interessiert und ihr Professor, ein Herr alter Schule, der niemandem etwas schenkt, versicherte ihr, sie schreibe wie Demosthenes. Sie liebt Geschichte und Dichtung.

Die großartige Wohnung mit Blick auf den Jardin du Luxembourg beeindruckt sie nicht sonderlich. Unweit von hier besitzt ihre Familie eine ähnliche Wohnung ohne Vergoldungen oder Stuck, in der der Putz an den Wänden bröckelt, in der auch fast keine Möbel stehen, in der aber bis in den kleinsten Winkel das Phantom einer jung verstorbenen Frau umgeht, einer anderen frischgebackenen *Agrégée*, der sie selbst ähnlich sieht. Sie ist nur darauf bedacht, in wohlgesetzten Worten dem Herrn Professor, den sie hier an einem schönen Sommernachmittag aufsucht, zu erklären, daß seine Vorlesungen in ihr den Wunsch geweckt haben, ebenfalls – warum auch nicht? – Hellenistin zu werden.

Der Herr Professor empfängt sie sehr liebenswürdig, reicht ihr die Hand, bittet sie, sich zu setzen, nimmt selbst in einem ziemlich nahe stehenden Sessel Platz, beobachtet die junge *Agrégée* eine kleine Weile und fragt dann geradeheraus: »Nun, soll es Platon sein, wie bei Ihrer Tante, oder Diophant, wie bei Ihrem Papa?«

An den Rest des Gespräches, der zweifellos sehr kurz war, erinnere ich mich nicht. Ich muß hervorgestottert haben, ich sei weder Philosophin noch Mathematikerin. Der große Professor muß mich dumm gefunden und insgeheim meine berühmten Eltern ob der Mittelmäßigkeit ihres weiblichen Nachwuchses bedauert haben. Ich meinerseits war zu jung, allzu eingeschüchtert und vielleicht vor allem zu stolz, um ihm einzugestehen, daß ich durch seine Frage gelähmt worden war und auf ein Nichts zusammengeschrumpft bin. Ich verließ ihn schleunigst, vor Kälte erstarrt, und die schwere Tür des prächtigen Gebäudes fiel hinter meinem ehrgeizigen Ziel, Hellenistin zu werden, ins Schloß.

Hat der große Professor überhaupt den Weggang dieses weichen, durchsichtigen Gebildes ohne innere Festigkeit bemerkt, das seine Worte erschaffen hatten?

Die Sonne im Jardin anglais machte mich wieder zu einem Wesen aus Fleisch und Blut und gab mir das Gefühl einer körperlichen, greifbaren und sogar angenehmen Existenz zurück. Dies zumindest war mir geblieben.

Kurzer Anruf

Sehr zu Unrecht meint man, daß die Toten ein für allemal dahingegangen sind und nie wiederkehren, um mit den Lebenden zu sprechen. Zurückkommen, um mit den Lebenden zu sprechen, ist alles, was sie tun, es ist sogar ihre Haupttätigkeit. Mein Vater zum Beispiel ruft mich recht häufig an. Es läuft immer nach dem gleichen Muster ab. Ich bin zu Tisch, umgeben von mehreren Personen, oder aber bei einem Empfang in einem großen Salon. Von weitem höre ich ein Telefon läuten. Irgendwer geht hin und hebt ab, manchmal ein Mitglied meiner Familie, manchmal ein Unbekannter, vielleicht sogar ein Bediensteter, dann erscheint die Person wieder und ruft sehr laut, ich würde am Telefon verlangt.

Die Stimme erkenne ich selbstverständlich sofort. Seine Art, meinen Namen unter Betonung der zweiten Silbe auszusprechen, die er wiederum dehnt wie ein Gummiband, das mich dann herzerren und zu ihm bringen soll. Ich antworte, ja, André, ja, ich bin's. Zugegeben, gerührt. »Hol mich da raus, mich widert's an.« sagt mein Vater, den wir immer André genannt haben, was ich sofort deutlich sagen möchte, er wollte nicht mit Papa angeredet werden.

Selbst in dringlichen Fällen spricht André niemals rasch, und hier nun macht mich sein halb autoritärer, halb flehentlicher, greisenhafter Tonfall traurig und ärgerlich zugleich.

Aber schon hat er aufgelegt. Bevor ich die Zeit gefunden habe, zu fragen, ob er mir nicht einige Einzelheiten über seine Lage mitteilen, mir Nachrichten über meine Mutter und meine Großeltern zukommen lassen oder mir sagte könnte, ob er nicht trotz allem angenehme Momente mit dem speziell für ihn für die Ewigkeit ausgewählten Studiengefährten verbringt, wie es eine alte jüdische Tradition vorsieht.

Indessen wüßte ich gerne, ob dieser Gefährte tatsächlich Euler ist, wie ich im Augenblick seines Todes vermutet habe: Denn mir schien allein Euler würdig, der Gefährte des großen Mathematikers, der mein Vater gewesen war, zu werden, damit dieser eben nicht von allem angewidert würde. André konnte jetzt von neuem Mathematik treiben, er war dazu nicht länger zu alt; er war nur gestorben. Denn in den letzten Jahrzehnten seines Lebens hatte er beschlossen, sich zu recyceln, statt, wie es so manche seiner alten Kollegen getan hatten, sich bei dem Versuch, Mathematik mit einem etwas weniger flexibel gewordenen Gehirn zu treiben, eine Depression zu holen. Recyceln hatte er das genannt. Er hatte sich zum Historiker recycelt und sein großes Werk über die Zahlentheorie in der Geschichte hervorgebracht. (Number Theory. An Approach through History: From Hammurapi to Legendre.) Der Vorsatz enthält das Foto eines Bas-Reliefs vom Grab des Kaisers Taizhong (VII. Jahrhundert), auf dem ein Pferd dargestellt ist und, diesem gegenüber, in der Kalligraphie des Mathematikers Shiing-Shen Chern, das chinesische Sprichwort: » Der alte Gaul kennt den Weg.«

Der alte Gaul hatte schon wirklich genug gearbeitet und auch genug mit seinen eigenen Kollegen, die vor ihm gestorben waren, gelacht, seinen lebenslangen Freunden, mit denen er in der Leidenschaft und dem Feuer der Jugend und mit dem Spaß an wohl ausgeheckten Streichen die berühmte Bourbaki-Gruppe gegründet hatte, ein Kollektiv unter dem Namen des imaginären Mathematikers Nicolas Bourbaki, eines bedeutenden Professors in Poldevien, einem ebenfalls völlig imaginären Land. Derzeit hatte er Bedarf an Neuem, das leuchtete ein, und ich traute den Autoritäten des Jenseits voll und ganz zu, daß sie zu demselben Schluß kommen würden.

Ein einziges Mal gelang es mir, ihn, bevor er auflegte, zu fragen:

– Und wie geht es Euler? Langweilt er sich auch so furchtbar?

Langweilt Ihr euch zusammen? Auf Französisch? Auf Deutsch? Auf Russisch? Erzähl doch mal !

Die Ungeduld meines Vaters am anderen Ende der Leitung äußert sich nicht in erhöhter Sprechgeschwindigkeit, sondern ganz im Gegenteil in einer ihm eigentümlichen Art, die Worte scharf zu artikulieren.

– Kannst du denn nie diese abscheuliche Manie ablegen, stundenlang am Telefon zu hängen?

Danach hat er mich eine Zeit lang nicht angerufen, nicht einmal, um mich zu Hilfe zu rufen. Das hatte ich nur mir selbst zuzuschreiben. Ich kenne ihn. Ich weiß, daß er nur zum Telefon greift, wenn er etwas Präzises und Dringendes mitzuteilen hat, wie etwa: »Hol mich da raus. Mich widert's an.«

Selbstverständlich würde ich ihn da gern rausholen, er muß aber einsehen, daß dies buchstäblich über meine geringen Kräfte geht. Und ich wiederum darf nicht vergessen, daß mein Erzeuger jemand ist, der sich leicht langweilt, und muß deshalb versuchen, mich nicht aufs äußerste mit Schuldgefühlen zu belasten.

Der Tunnel

Meine Tante ist eher zurückhaltend, sie hat sich mir nur zweimal gezeigt. Ich glaube, im Laufe der Jahre begriffen zu haben, daß sie extrem damit beschäftigt ist, sich bei einer Menge anderer Menschen sehen zu lassen, die mir von Zeit zu Zeit Auskünfte über ihr Erscheinen geben.

Hier nun der Bericht über ihr erstes Eingreifen in meine Existenz. Ich lehrte an einer kleinen Universität in Vermont. Die frische Luft sorgte bei meinem Sohn für runde rote Bäckchen, ich spielte Orgel in der sehr schlichten protestantischen Kirche des Dorfes, in dem ich lebte, einer Kirche, wie man sie auf Postkarten sieht, mit einem hübschen Schieferdach und mit weiß getünchtem Kirchturm, und ich durchlebte eine tragische, zärtliche und von etlichen Wodkas durchtränkte Leidenschaft mit einem Überlebenden des Gulag. Wie ich später erfahren habe, flüsterten meine Kollegen hinter meinem Rücken, daß meine masochistische Faszination für diesen gemarterten Dostojevski'schen Menschen alles offenlege, was ich mit meiner Tante Simone gemein hätte.

Auf dem Universitätscampus erkrankten mehrere von uns im Herbst an einer Form der Lungenentzündung, die damals noch kaum bekannt war. Ich war die einzige, die in die Klinik eingewiesen worden war, die einzige, die mehrere Wochen lang Wahnvorstellungen hatte. Ich konnte mich nicht mehr in Englisch verständlich machen, und man mußte für mich eine Krankenpflegerin aus Québec kommen lassen. Ich war die einzige, bei der man einen Augenblick lang die Hoffnung, mich zu retten, aufgegeben hatte.

Simone Weil in Marseille, Frühjahr 1941

Ich habe diese Episode in meinem Leben selten erzählt. Denn diese Phänomene werden zwar in gewissen spiritualistischen amerikanischen Zirkeln, die mich aber keinesfalls anziehen, sehr ernst genommen, doch die französischen intellektuellen Kreise, denen ich trotz allem angehöre, glauben so etwas einfach nicht. Es wirkt auf sie recht eigenartig, wenn man ihnen erzählt, daß man in einer Fiebernacht die Tante – und erst noch eine solche Tante! – am Ende eines langen weißen Tunnels auftauchen sah.

Auch so viele Jahre später befürchte ich noch immer sehr, mich lächerlich zu machen, wenn ich erzähle, daß Simone Weil, ja doch, meine Tante, mir am Ende des berühmten weißen Tunnels erschienen ist. Es war eine Art nebliger, aber heller Trichter, und ich sah sie ganz deutlich am anderen Ende, eine dunkle, in einen Umhang eingehüllte Silhouette, wie auf den Fotos. Sie forderte mich auf, zu ihr zu kommen. Ich weiß nicht genau, was sie sagte, aber ihre Gründe dafür waren verlockend. Allerdings sprach sie ohne Zärtlichkeit zu mir, als ginge es darum, ein rein intellektuelles Problem zu lösen. Ich hatte große Angst, daß sie auf diesem Feld, wo ihre Überlegenheit ganz außer Zweifel stand, gewinnen würde, und spürte, daß ich unter Einsatz all meiner Kräfte kämpfen mußte. Jedoch zauderte ich nicht, und später habe ich mich sehr gut erinnert, welche Gründe ich ihr nannte, ihr nicht folgen zu können. Habe ich ihr sofort mein schlagendstes Argument entgegengeschmettert, gegen das sie völlig wehrlos war, meinen Sohn, den achtjährigen Sohn, den ich heiß liebte und der mich brauchte? Ich bin mir dessen nicht sicher. Später fühlte ich mich schuldig, es nicht bei diesem so ehrenwerten Argument belassen und ihr statt dessen lang und breit auseinandergesetzt zu haben, wie sehr ich die Stille, den rosafarbenen Himmel der Winterabende und die weißen Birken auf dem glitzernden Schnee liebte. Wie gerne ich lebte. Ich glaube sogar, ich bin in meiner Freimütigkeit soweit gegangen, ihr zu sagen, daß ich meinen Körper und die Sinnenfreude mochte, die er mir bescherte. Die Nichte Simone Weils liebte den Liebesakt und war nicht bereit, darauf zu verzichten.

Am nächsten Tag war ich außer Gefahr, wahrscheinlich aber nicht aufgrund des heroischen Widerstandes, den ich meiner berühmten Tante entgegengesetzt habe. Da ich im Melodrama schon mittendrin stecke, kann ich darin genausogut bis zum Schluß weitermachen. Während ich mich in einem kleinen Hospital in Vermont mit Simone auseinandersetzte, lief ein früherer Freund, der mir nahe geblieben war, obwohl er seinen Platz ganz wider seinen Willen dem Überlebenden des Gulag hatte überlassen müssen (ich habe immer angenommen, daß der »Zauber«, den Simone ihrer Behauptung nach über mich gelegt hatte, als sie mir mein Fläschchen gab, besagte, daß ich durch meine Lebensfreude und eine gewisse Leichtigkeit in der Liebe ihre eigene hartnäckige Ablehnung der Sexualität wettmachen würde), dieser frühere Freund nun lief in New York den Broadway hoch und begegnete einem Studienfreund, der Assistenzarzt war. Der fragte ihn, warum er so verängstigt aussehe. Der Zufall wollte es, daß zwei Tage vorher einer seiner Professoren in seiner Vorlesung über diese Form der Lungenentzündung gesprochen hatte, die erst kurz zuvor identifiziert worden war, wie auch über das Antibiotikum, das in den meisten Fällen anschlug. Mein Freund mietete sofort einen Wagen und fuhr los nach Vermont, obwohl ein Schneesturm kurz bevorstand. Ein richtiger Fortsetzungsroman würde in allen Einzelheiten erzählen, wie er zweimal wegen Geschwindigkeitsüberschreitung angehalten wurde, den Mietwagen in einer Schneewehe stehen ließ und wie ein großer, zotteliger, schneebestäubter Bär in die Klinik stürmte und alles, was sich an Medizinern und Krankenschwestern dort befand, aufscheuchte. Der Fortsetzungsroman würde ebenfalls berichten, daß während dieser ganzen Zeit mein ehemaliger Zek, den die Jahre im Gulag sehr fromm hatten werden lassen, meine Bestattung am Fuße einer reizenden, hoch am Berg gelegenen russischen Kirche organisiert hatte. Er hatte die Mönche davon überzeugt, daß Simone Weils Nichte ihren winzig kleinen Friedhof nicht verunzieren würde und daß meine Seele zwar nicht gänzlich untadelig war, ihnen aber keine Schande machen würde.

Der Roman würde auch die rührende Szene beschreiben, die sich an meinem Krankenbett abspielte. ... Der allerchristlichste Russe warf sich dem New Yorker Juden in die Arme und sagte mit seiner herrlichen, trotz allen Schluchzens herrlich gebliebenen Baßstimme, in feierlicher und zugleich verzweifelter Art, wie es nur die Russen so können: »Sie stirbt. Und alle beide haben wir sie geliebt.«

Das war wunderschön, indes war die Heldin der Geschichte leider nicht genügend bei Bewußtsein, um es wirklich auszukosten.

Meine Eltern waren auf einer Reise in China. Sie erfuhren von meiner Krankheit erst, als ich schon außer Gefahr war. Meine Mutter war diejenige, die tief erschüttert ausrief, daß ich zum Zeitpunkt meiner Erkrankung bis auf zwei Monate das Alter erreicht hatte, in dem meine Tante gestorben war. Mein Vater zuckte die Achseln.

Und ich, nun, ich konnte endlich Simone lesen: Ich war älter als sie. Ich habe die sehr langsame Rekonvaleszenz mit der Lektüre ihrer Hefte und ihrer letzten Briefe zugebracht. In dem Tunnel, in dem ich mich geweigert hatte, ihr zu folgen, war es mir gewesen, als hätte ich alles Unwesentliche abgetan. Ich hatte vor Fieber geglüht und alles verglühen lassen, was nicht einfaches Lebensgefühl war, das Glück, dem Schnee beim Tänzeln zuzuschauen, ihn mein Zimmer mit milchig-weißem Licht erfüllen zu lassen und mein Sohnemännchen mit losen Schnürsenkeln und schief zugeknöpftem Mantel von der Schule heimhumpeln zu sehen. Für mich war allein schon Atmen Glück. Ich erkannte, in aller Bescheidenheit, eine Parallele zwischen meiner Rückkehr ins Leben, die mit einer gewissen Abkehr von der Art intellektuellen Zynismus' einher ging, den die junge Akademikerin, die ich ja war, im Gepäck hatte, und bestimmten Sätzen, in denen sich Simone anscheinend vor allem danach sehnte, berührt zu werden. Seelisch, körperlich? Ihr berühmtes Verlangen nach dem Zunichtewerden schien mir etwas anderes zu verdecken.

Ich habe mit dem Zek, der mich begraben wollte, gebrochen.

Und es wäre doch schade, wenn unerwähnt bliebe, daß der junge Assistenzarzt, dessen neueste Kenntnisse in der Medizin mir das Leben gerettet haben, drei Jahre später mein Mann geworden ist.

Ein ganz normales kleines Mädchen

– Deine Tante ist freiwillig Hungers gestorben, nicht wahr?

Ich bin zum Kaffeetrinken bei einer meiner Klassenkameradinnen eingeladen. Ich bin 12 oder 13 Jahre alt. Die Frage wurde soeben von der Großmutter meiner Kameradin an mich gerichtet, einer dicken, eher vergnügten Dame. Ihre Augen sprühen Funken in meine Richtung, während sie sich ein Stück Obstkuchen in den Mund schiebt und ihre langen Zähne hineindrückt.

Ihre Tochter, die Mutter meiner Kameradin, läßt verlautbaren:

– Ich bewundere sie enorm. Sie ist bis zum Äußersten gegangen, eine wahre Asketin.

– Der Priester hat über sie geredet, du erinnerst dich. Er hat das Wort »Heilige« gebraucht.

– Nein, »Mystikerin« hat er gesagt.

– Das ist doch dasselbe!

– Nein. Aber wie auch immer, eine Asketin, eine echte Asketin war sie.

Alle beide wenden sich wieder mir zu. Ich bin gerade eifrig dabei, in meinen Kuchen zu beißen und darauf zu achten, keine Krümel fallen zu lassen, ein normales kleines Mädchen, das normale Leute zur Zeugin für die wunderbare Absonderlichkeit seiner berühmten, bewundernswerten Tante machen können – bewundernswert, ja schon, nichtsdestoweniger so was von absonderlich und nicht normal …, ich erlebe eine zweifache Genugtuung: Ich bin normal, esse Obstkuchen und auch einen Teil vom Pudding, wobei das Blut von jemandem, der praktisch eine Heilige war – der Priester hat das letzte Woche gesagt –, durch meine Adern strömt. In zweierlei Hinsicht kann ich also nur gewinnen: Während ich mich an einer köstlichen Kaffeetafel gütlich tue, habe ich ohne mit der Wimper zu zucken teil an der Askese und sogar der Heiligkeit meiner Tante, denn man braucht mich nur anzusehen und schon denkt man an sie. Denn ich weiß, daß unweigerlich die Worte folgen werden:

– Es ist geradezu verrückt, wie sehr du ihr ähnlich siehst...

Ich lächle freundlich, ein verhaltenes, ernstes Lächeln, denn das Thema ist eigentlich nicht amüsant, jedoch schäme ich mich ein wenig meiner Hinterhältigkeit. Ich spüre, daß ich mich eines Verrats schuldig mache, ohne genau zu wissen, wen ich da verrate. Ich komme mir vor wie eine Usurpatorin, denn diejenigen, die sich über meine Ähnlichkeit mit meiner Tante überschwenglich auslassen oder davon berührt sind, wissen nicht, daß mein Kopf leer ist und daß mir niemals der geringste Gedanke einfällt, der meiner so absonderlichen und bewundernswerten Tante auch nur ein wenig würdig wäre, und daß ich mit 12 Jahren eher davon träume, Gina Lollobrigida zu gleichen, damit Fanfan, der Husar, verkörpert von Gérard Philipe, sich in mich verliebte. Drei Jahre später werde ich Brigitte Bardot um ihren blonden Pferdeschwanz und ihre Stupsnase beneiden.

Das Schienbein der Heiligen

Simone, das war die junge Tante, die mit 34 Jahren, wenige Monate nach meiner Geburt, gestorben war, der ich ähnlich sah und deren Platz ich bei ihren Eltern einnehmen sollte. *Ihr habt eine andere Quelle des Trostes* schrieb sie ihnen 8 Tage vor ihrem Tod in einem kurzen Brief, in beflissener, kindlicher Handschrift. Der Brief wurde von meiner Großmutter in einem Umschlag aufgehoben, auf dem sie vermerkt hatte: »Letzter Brief von Simone, erhalten nach dem Telegramm, das uns ihren Tod mitgeteilt hat«. Als Heranwachsende wußte ich, in welchem Ordner sich dieser Brief befand, und ich las ihn häufig wieder. Die Quelle des Trostes, das war ich.

Ich bin in Simones Schatten aufgewachsen. Ihre Augen waren kurzsichtig wie die meinen und lächelten mir hinter ihren Brillengläsern auf den Fotos zu, die rings um meine Kinder- und Jugendzeit aufgestellt waren. Ich fand sie oft in unerwarteten Augenblicken im Schaufenster einer Buchhandlung, auf einem Buchdeckel, manchmal sogar auf Plakaten wieder. Ihr Haar – tiefschwarz wie meines, gewellt wie meines – stand wie meines vom Kopf ab.

Wie hätte ich vermocht, mich nicht im Verhältnis zu ihr zu definieren? Tagtäglich wurde mir gesagt:

– Du bist hübscher als deine Tante, aber ein wenig mager bist du auch. Vor allem, nimm nicht ab, du würdest Gefahr laufen, häßlich zu werden und dann sehr jung an Entkräftung zu sterben, wie sie.

– Dabei muß aber gesagt werden, daß sie sich selber grundlos häßlich machte, wurde unweigerlich hinzugesetzt.

Ich hatte keine Lust darauf, sehr jung zu sterben, und noch weit weniger Lust, häßlich zu werden. Ich aß meine Butterbrote auf.

Am Tag des Schuljahresbeginns beugten sich manche Lehrer zu mir herunter, um, je nach Temperament, auszurufen oder zu flüstern:

– Ich hege eine solche Bewunderung für Ihre Tante!, und um sofort etwas träumerisch hinzuzusetzen:

– Eine Lichtgestalt. Ja, eine Lichtgestalt!

Die Augen leuchteten zum Beweis, daß der Lehrer ein wenig von diesem Licht zurückbehalten hatte, von dem jetzt Funken auf mich übersprangen. Welches Mädchen wäre nicht entzückt, sei es auch nur für einen winzigen Augenblick, unter seinen Kameradinnen herausgestellt zu werden? Ich jedoch war hin- und hergerissen zwischen einem durchaus natürlichen Stolz und der Beschämung über meine eigene Mittelmäßigkeit. Gewiß, ich war imstande, erste Preise für die schulischen Leistungen zu ergattern, aber ich spürte sehr wohl, daß diese kleinen Ruhmestaten einer normalen Gymnasiastin nicht an dem Licht, von dem die Rede gewesen war, teil hatten.

Zuweilen kam es auch vor, daß bei einem Familienmittagessen plötzlich alle Blicke auf mich gerichtet wurden, während die Gabeln mitten in der Bewegung stehen blieben: Ich hatte eine Bewegung gemacht, ich hatte einen Gesichtsausdruck gezeigt, welche man bei Simone zu sehen gewohnt war.

Sehr bald wurde ich dann gefragt, ob ich die berühmte Migräne meiner Tante geerbt hätte.

Schildert man sie so, ist an meiner Situation nichts Ungewöhnliches. Viele Menschen sind unter dem Portrait, unter dem Foto von jungen Onkels, einer größeren Schwester, einem älteren Bruder, einer Mutter oder einem Vater groß geworden, die allzu früh verstarben und mit denen sie ihr ganzes Leben lang unaufhörlich von ihrer Familie verglichen wurden. Fast immer zu ihren Ungunsten, versteht sich.

Sohn, Tochter, Neffe oder Kusine einer berühmten Persönlichkeit zu sein, ist schon außergewöhnlicher. Aber wenn ich mich umschaue, sind hierfür leicht Beispiele zu finden. Es gibt Familien, bei denen mehrere Mitglieder im gleichen Bereich glänzende Erfolge erzielten, die Pitoëffs in der Theater- oder die Fondas in der Filmwelt. Das kommt auch in Kreisen der Politik und der Wissenschaft vor.

Aber wie vielen Menschen ist es vergönnt, Nichte einer Heiligen zu sein, deren Namen man – bis auf eine Silbe – überdies noch trägt und der man ähnlich sieht?

Man kann das schauspielerische oder musikalische Talent von Vater oder Mutter erben, man kann die Schuhfabrik, die Fabrik für Haushaltsgeräte oder Autoreifen vom Onkel übernehmen und sie, je nach den eigenen Fähigkeiten, zum Erfolg oder zum Bankrott führen. Man kann seinem Vater, der Arzt, Notar, Schuhmacher oder Schreiner ist, oder einem Maler nachfolgen und gleich gut oder besser werden, vor allem dann, wenn man den Beruf von ihm erlernt hat. Selbst wenn man als Schreiner oder Zahnarzt weniger gut ist, ist es möglich, sich in der gleichen beruflichen Sparte zu halten.

Die Belange einer Heiligen weiterzuführen, ist nicht möglich. Da geht es um eine Nachfolge anderer Art. Sie nicht anzutreten, ist indessen ausgeschlossen, es sei denn, man geht nach Patagonien oder zu den Lappen und lebt dort.

Eine amerikanische Intellektuelle, eine Biographin meiner Tante, die in den Kreisen der Haute Couture und der luxuriösen Modezeitschriften aufgewachsen war, sagte mir eines Tages in vollem Ernst, ich hätte mich, um einem allzu belastenden Geschick zu entgehen, für eine Karriere in der Welt entscheiden müssen, aus der sie selbst um der akademischen Laufbahn willen ausgeschieden war. Diese Intellektuelle hatte mir, bevor wir uns trafen, geschrieben, daß diese Begegnung mit mir für sie wie ein Talisman wäre.

Talisman. So. Nun war das Wort gefallen.

Wenn man weder das Inkognito in einer Welt gewählt hat, die einem fremd ist und an der man kein Gefallen findet – in diesem Falle die Welt der Mode –, bleibt einem außer dem Exil in Patagonien nur die interessante, aber zwiespältige Rolle der Reliquie: das Schienbein der Heiligen.

Leute, die man in seinem ganzen Leben nie gesehen hat, rennen, rot vor freudiger Erregung, auf einen zu: »Mein Gott, was für eine Ähnlichkeit, ich habe Sie sofort wiedererkannt!«

Unbekannte Frauen (möglicherweise sind Männer für diese Art von Fetischismus weniger anfällig) bitten um die Erlaubnis, mein Haar zu berühren, das »genau so ist wie das ihrige«. In solchen Augenblicken ist es gut, sich daran zu erinnern, daß die wesentliche und vordringliche Rolle des Schienbeins eines oder einer Heiligen darin besteht, berührt, bestrichen oder geküßt zu werden. Seine Rolle gewissenhaft zu spielen, bringt eine gewisse Genugtuung mit sich.

Völlig Fremde erkundigen sich mit schonungsloser Offenheit und ohne die geringste Scheu nach Ihren religiösen Gefühlen. Eine Frage, die insofern noch viel komplizierter wird, als die Heilige, für die Sie stehen, eine Jüdin war, die ihr kurzes Leben damit verbracht hat, Gründe zu ersinnen, um sich taufen zu lassen, und wiederum andere, genauso unabweisbare, um nichts dergleichen zu tun. Die ebenfalls merkwürdige Gründe für ihren Wunsch ausfindig gemacht hat, daß Sie selbst getauft werden sollen, ein Thema, über das später zu sprechen sein wird.

Und da wir just von Taufe reden, da kommt es vor, daß einer dieser Fremden Ihnen gegenüber erklärt, wie glücklich er in dem Wissen ist, daß Sie getauft sind, wobei er Ihre Finger in seiner Hand gefangen hält. Wenn es sich um einen Priester handelt, ist das sicherlich ganz und gar entschuldbar: Die Taufe gehört zu seinem Geschäft.

Nachdem ein Unbekannter mit Ihnen im Ton eines uralten Freundes über dies und jenes gesprochen hat, gesteht er Ihnen zum Schluß, er sei Simone Weils kosmologischer Zwilling. Er weiß es aus sicherer Quelle, und es hat eine wichtige Rolle in seinem Leben gespielt. Er scheint anzunehmen, daß ihm dieses Zwillingsverhältnis gewisse Rechte über Sie verleiht. Er steht ihr ja so nah!

Unbekannte beiderlei Geschlechts kommen ganz, ganz nahe heran, um Ihnen anzuvertrauen, daß sie seit Jahren in einer mystischen, leidenschaftlichen Beziehung mit Ihrer Tante leben, die seit einem halben Jahrhundert tot ist, und daß es sie zutiefst bewegt, heute Ihr Gesicht vor sich zu haben, das entschwundene Antlitz, dieses wunderbare Weilsche Antlitz …

Einen Augenblick lang ist Ihnen, als seien auch Sie ihnen etwas entschwunden.

Das Schienbein einer Heiligen zu sein, stellt eine Form sozialer Existenz dar, die nicht unangenehm sein muß, da die Leute, die kommen, um über das Schienbein, also über Sie hinzustreichen, zuweilen intelligent und sympathisch sind.

Und dennoch … Ein richtiges, ein echtes Schienbein zu sein, das mit seiner Existenz als Schienbein zufrieden ist, erfordert grenzenlose Demut. Eine Demut, die meine Tante, die so sehr danach trachtete, nichts zu sein, nicht an mich weitergegeben hat, und dies aus gutem Grund: Nichts zu sein ist ganz und gar nicht das Gleiche, wie ein Schienbein zu sein.

Obwohl man es berühren und es an den Haaren ziehen kann, ist ein Schienbein vor allem eines: ein Vermittler. Dazu da, eine Verbindung herzustellen. Was die Leute suchen, wenn sie das Schienbein betrachten oder mit frommer Hand darüber streichen, ist der Kontakt mit der Heiligen. Das Schienbein selbst ist ihnen vollständig gleichgültig. Ganz normal, so.

Vor einigen Jahren war ich bei einem literarischen Kolloquium in New York einer amerikanischen Romanautorin begegnet, von der mir mehrere Bücher sehr gefallen hatten. Ich freute mich, sie zu treffen. Wir sprachen über Literatur, Feminismus, das, worüber eine jede von uns gerade schrieb, als ein Mann, den ich nicht kannte, kam und ihr etwas ins Ohr flüsterte. Sie stieß einen Schrei aus, bedeckte einen Augenblick das Gesicht mit den Händen und schluchzte, glaube ich, sogar mehrmals kurz auf. Dann wiederholte sie mit stockendem Atem und erschrocken auf mich gerichteten Augen, vielmehr kam es stoßweise aus ihr heraus: »Ihre Nichte, ihre Nichte, ja, jetzt sehe ich das, *oh my God*, die Nichte von Simone Weil in Person.« Sie richtete kein Wort mehr an mich, sondern schaute mich an, als sei ich ein Phantom. Der Unbekannte, der ihr meine Identität enthüllt hatte, blieb an ihrer Seite stehen und nickte mit zufriedenem Lächeln. Das durfte er nun wohl auch! Nach einigen Minuten war ich des kleinen Schauspiels und der Rolle, die ich darin spielte, überdrüssig und verließ sie, nur um am Buffet vor Lachs und Spargel mit Mayonnaise von einem Herrn eingeholt zu werden, der mich, nachdem er sich vorgestellt hatte – es war der Ehemann der Romanautorin –, umarmte und zu mir sagte: »Sie können sich nicht vorstellen, welch ungeheure Freude, welche Ergriffenheit diese so unerwartete Begegnung für sie darstellt. Glauben Sie mir, sie ist noch immer davon erschüttert und wird es lange Zeit bleiben.«

Mit ihr leben

Als Kind glaubte ich, es sei ihr Beruf. Ich hatte Großeltern, die den ganzen Tag daran arbeiteten, den Inhalt einer Serie von Heften in eine andere Heftreihe zu übertragen. Man durfte sie dabei nicht allzu sehr stören. Sie nahmen sich um die Mittagszeit eine halbe Stunde frei, um ein Spiegelei, eine Kartoffel und Quark zu essen. Und etwas mehr Zeit, wenn meine Schwester und ich zum Essen bei ihnen waren.

Die gesamte Familie war nicht unmittelbar nach dem Krieg, sondern 1948 schließlich nach Paris in die Rue Auguste-Comte gegenüber dem Jardin du Luxembourg zurückgekehrt. Wir zuerst, danach meine Großeltern. Wir bewegten uns in der riesigen, leeren, dreckigen Wohnung, in der der Putz von den Wänden gefallen war und ein oder zwei Wände von den Kugeln der Kämpfe bei der Befreiung von Paris durchlöchert waren, wie in einem für uns viel zu großen Gehäuse, konnten aber noch immer die uneinnehmbare Aussicht über Paris genießen, denn die mußten die Deutschen eben dalassen, als sie mit den Möbeln abzogen. (In den ersten Jahren lebten darin auch Louis Rapkine, der Physiker, und seine Familie zusammen mit uns. Meine Eltern hatten es Rapkine zu verdanken, daß sie 1941 aus Frankreich ausreisen und in die Vereinigten Staaten gelangen konnten.)

Wir schliefen auf Matratzen, die auf dem Fußboden lagen, wir setzten uns auf Gartenstühle, die wir aus Brasilien mitgebracht hatten. Immerhin gab es einen Tisch, einen großen, soliden Holztisch, der im hintersten Zimmer, das Simones Zimmer gewesen war, stand. Gleich nach ihrer Rückkehr nach Paris haben sich meine Großeltern an diesen Tisch gesetzt, jeder an eine Seite, haben die großen schwarzen Hefte, die sie in ihren Koffern von New York nach Brasilien, dann in die Schweiz und schließlich nach Paris geschleppt hatten, aufgeschlagen und mit dem Abschreiben begonnen.

In meinem Besitz befinden sich mehrere dieser großen Hefte mit schwarzem Umschlag, die in der Dorothy Press in der 125. Straße gekauft worden waren, unweit der Wohnung am River Side Drive, die meine Tante und ihre Eltern 1942 bezogen hatten und in der ich danach mit meinen Großeltern lebte. Eigentlich sind es Kontoführungsbücher mit linierten Seiten, die sehr viel höher als breit sind. Ob meine Großmutter sie sich wohl für ihre Abrechnungen beschafft hat, als sie ein wenig Geld verdiente, indem sie Hüte und Handtaschen mit Perlen verzierte oder Babykleidung bestickte, wie es viele alte Damen unter den Flüchtlingen getan haben? In diese Hefte und in weitere im französischen Format, die später in Paris gekauft worden sind, haben meine Großeltern die Schriften Simones abgeschrieben. In die schwarzen Hefte haben sie die Aufzeichnungen aus New York kopiert. Mein Großvater übernahm die Texte mit Passagen in Griechisch, da er diese Schrift wunderbar beherrschte.

Ich bin am Ende, gebrochen, schrieb Simone an einen Freund während der letzten Wochen ihres Lebens und fügte hinzu: *Vielleicht kann der Gegenstand vorübergehend zusammengeleimt werden … aber … sogar diese vorübergehende Zusammenleimung wird nur durch meine Eltern zu bewerkstelligen sein.* Sie aber hatten es nicht vermocht, wirklich nicht vermocht – die Welt hatte sich gegen sie verbündet, um sie daran zu hindern –, zu ihrer Tochter zu gelangen und sie wieder zusammenzuleimen. Daraufhin fertigten sie Abschriften von ihr, hielten sie so am Leben und lebten weiterhin mit ihr. Wir alle lebten mit ihr. Da war ihr Zimmer und an der Wand ihr Foto mit dem leisen, warmherzigen und etwas traurigen Lächeln, ihren hinter den Brillengläsern weit geöffneten Augen, das »Foto von New York«, das Foto von Simone, »so wie wir sie zum letzten Mal gesehen hatten«, sagte meine Großmutter, und vor dem Foto ein alter, verbeulter Reisekoffer mit zur Hälfte abgerissenen Etiketten und den Namen von Schiffen

Simone Weil, New York 1942

und auch Adressen in New York und São Paulo darauf. Über den Reisekoffer war eine Tischdecke gebreitet, auf der eine Vase stand. Manchmal brachte ein Besucher Blumen mit, die sofort in die Vase auf dem alten Koffer vor das Foto gestellt wurden. Da war der Wandschrank, in dem all die Sätze schlummerten, die sie geschrieben hatte und die nun abzuschreiben waren. Jener Wandschrank, dessen Tür ich so geräuschlos zu öffnen verstand, um die Sätze herauszusuchen, in denen es um mich ging.

Meine Großmutter sprach oft am Telefon. Ihre metallische Stimme mit der ihr eigenen, halb belgischen, halb osteuropäischen Art, die Silben mit Nachdruck hervorzuheben, hallte durch die ganze Wohnung, denn das Telefon stand im Flur. Ein ganzes halbes Jahr lang sprach sie über »*L'attente de Dieu*« [Das Unglück und die Gottesliebe]. Die Betonung lag auf dem Wort *Gott*, wobei die Stimme meiner Großmutter um einige Töne nach unten sank, als landete sie auf dem Wort Gott. Wir erwarteten Gott? Welchen Gott? Mein Vater erzählte uns nur von griechischen oder indischen Göttern. In der städtischen Schule, in der ich die ersten Schuljahre absolvierte, sprachen die Kinder von Jesus, einem Gott, den man hinunterschluckte, wobei man aber sehr aufpassen mußte, nicht zu kauen, denn sonst würde er ein ganzes Leben lang am Gaumen kleben bleiben. Welchen Gott erwarteten demnach meine Großeltern, während sie ein Heft ums andere abschrieben?

Simones Schriften lese ich in diesen Heften sehr gerne. Sätze, Gedanken, die mich, wenn ich sie im Druck vor mir habe, überhaupt nicht interessieren, ja, mich, zugegebenermaßen, sogar abstoßen, rühren mich grenzenlos, wenn sie in der Abschrift von der Hand meiner Großeltern vor mir stehen, denn ich sehe sie an dem großen, jetzt bei mir stehenden Holztisch einander gegenüber sitzen und den ganzen Tag lang, Wochen und Monate hindurch, abschreiben, Ich sehe, wie sie beide, Bernard und Selma, die wir alle Biri und Mime nannten, über ihre Hefte gebeugt dasitzen wie zwei brave alte Schulkinder mit der Brille auf der Nase, sehe das spitze Profil meiner Großmutter, ihre grauen steifen Ponyfransen, die ihr so ganz ohne jede Koketterie gerade geschnitten in die Stirn fallen, und das sanftere Profil meines Großvaters, seinen noch vollen Schnauzbart, der piekste, wenn er einen in die Arme nahm oder auskultierte.

Wenn ich diese von ihnen abgeschriebenen Sätze lese, ist mir, als säße ich auf ihrem Schoß, als erzählten sie mir von ihrer geliebten Tochter, der ich ähnlich sehe, und als läsen sie mir vor wie damals, als ich noch Kind war.

Woran mögen meine Großeltern gedacht haben, während sie abschrieben, unablässig diese zahlreichen, von ihrer Tochter hinterlassenen Hefte abschrieben? Von Zeit zu Zeit wechseln sie einige knappe Bemerkungen, so wie es Leute tun, die an etwas arbeiten. Biri sprach ziemlich leise, Mime lauter. Manchmal hielt sie im Abschreiben inne, um eine Tagesneuigkeit zu kommentieren, um sich über etwas aufzuregen, das er ihr am Vorabend oder beim Mittagessen aus der Zeitung vorgelesen hatte. »Nein, alles was recht ist, schämen sich diese Leute denn überhaupt nicht!« Die überdeutliche, gehauchte Art, in der sie das französische H aussprach, war mir vertraut und exotisch, sie brachte mich zum Lachen und mißfiel mir dennoch nicht. In einer Welt, die sich inmitten ständig wechselnder Landschaften um sich selbst drehte, war dieses gehauchte H gleichsam ein Fixpunkt, heldenhaft und lächerlich zugleich.

Woran mag sie während all jener Stunden gedacht haben, in denen sie die runde, kindliche Schrift meiner Tante kopierte und dabei die Schrift der eifrigen Gymnasiastin in ihre eigene Kalligraphie einer Tochter aus gutem Hause, die im 19. Jahrhundert großgeworden war, übertrug? Zuweilen ließ sie sich dazu hinreißen, ihre Arbeit mit großartigen Majuskeln auszuschmücken, dann wieder blieb sie nüchterner. Das mag von ihrer Laune abgehangen haben.

Die von meinem Großvater abgeschriebenen Seiten – er schrieb die kniffligeren Texte –, halten sich gewissenhaft und ganz getreu an die Vorlage. Hat Simone eine halbe Seite geschrieben und sie dann ganz durchkreuzt? Bernard schreibt die halbe Seite ab und durchkreuzt sie in gleicher Weise. Nichts wird ausgelassen, verdichtet, abgekürzt. Wäre das denn überhaupt für ihn in Frage gekommen? Sicherlich nicht. Es handelt sich immerhin um seine Tochter! Das in Kästchen Geschriebene, das Durchgestrichene, die Sätze, die mit einer Schlangenlinie oder mit mehreren durchgestrichen und dann wiederholt wurden- all das ist da, und jede Seite entspricht haargenau dem Original. Die griechischen Buchstaben sind großartig. Nur eines vermag er nicht vollkommen wiederzugeben: daß nämlich Simone sich überhaupt nicht um die Zeilen schert (und sich soweit wie möglich unlinierter Hefte bedient). Bernard ist ehemaliger Offizier, er achtet bei allem auf Zucht und saubere Ausführung. Er hält sich streng an die Zeilen des großen schwarzen Heftes. Anders kann ich es mir bei ihm nicht vorstellen.

Meine Großmutter macht es wie ihre Tochter, auch sie war immer eine Rebellin: souverän mißachtet sie die Zeilen und verdichtet zuweilen drei Seiten Simones zu einer von ihr. Die Schrift meines Großvaters ist weniger regelmäßig als die meiner Großmutter, weniger verschnörkelt, aber sorgsam ausgeschrieben, die Schriftzüge eines Arztes, der Wert darauf legt, daß seine Rezepte lesbar und verständlich sind.

Woran kann dieser Mensch gedacht haben, dessen Berufung gewesen war, zu pflegen und zu heilen, während er so viele Sätze abschrieb, bei denen es sich nur darum handelte, sich am Unglück und an Entbehrungen, an der Verleugnung des Leibes und der irdischen Güter zu freuen? Bernard, der so herzlich gern scherzte und Leckereien verteilte, dessen Briefe an seine beiden Kinder immer voll von Ratschlägen für ihr Wohlbefinden und ihre Gesundheit waren? Woran dachte er wohl, als er sorgsam den von seiner Tochter geschriebenen Satz abschrieb: *Ich bin nicht und ich willige ein, nicht zu sein, denn ich bin nicht das Gute, und ich will, daß allein das Gute sei.* Zweifellos hat er sich gesagt, es sei die Aussage einer Philosophin, eine Aussage, die er niemals zu verstehen versuchte. Und ich bin mir gewiß, daß er sich im tiefsten Inneren auch sagte, daß all das nicht soviel wert war wie ein richtiges, fein säuberlich ausgestelltes Rezept. Seine »arme kleine Simonette« aber ist bis ans äußerste Ende, ist bis zum Tod gegangen. Ob in ihm jemals das Gefühl einer entsetzlichen Niederlage aufgekommen ist?

Woran wird er, der etwas gewagte Witze, Medizinerwitze, sehr mochte, die meine Großmutter aufheulen ließen, woran wird er wohl gedacht haben, als er, um sich die Beine zu vertreten, einen Blick auf jene Seite warf, die seine Frau gerade in ihrer schönen Schrift abgeschrieben hatte: S*exualität. In unserem Körper ist ein Mechanismus, der uns,, wenn er ausgelöst wird, Gutes in den Dingen hier unten sehen läßt. Man muß ihn verrosten lassen, bis er zerstört ist.*

Sie wiederum, die Gattin, die ihren Mann über alles liebte und alle Briefe, die sie an ihn richtete mit »Dein Frauchen, das Dich in seinen Armen drückt und drückt«, unterschrieb, was dachte sie wohl?

Auf dem Einband der Hefte, die Simone in New York benutzt hat, notierte meine Großmutter:

Geschrieben in New York

Sie verließ Amerika in Richtung London am 10. November 1942.

Und auf dem Deckblatt des schwarzen Heftes, in das sie kopiert, schreibt sie nochmals:

Geschrieben in New York.

Sie verließ Amerika

am 10. November 1942.

Wie ein Gedicht auf einem Grabstein.

So als ob sie nicht müde würde, sich auf dem Original und auch auf der Abschrift an den schrecklichen Herbsttag zu erinnern, wo sie an einem Pier in Manhattan ihre Tochter zum letzten Mal in ihren Armen gehalten und zum letzten Mal nachgeschaut hat, daß diese für die Überfahrt warm genug angezogen war, daß sie nicht nur Bücher in ihren Koffer gepackt hatte, nicht nur den Timaios und die Bhagavad-Gitâ, sondern auch Winterpullover und Schuhe zum Wechseln.

Haben sich meine Großeltern jemals, wenn sie sich da an ihrem Tisch gegenüber saßen, gegenseitig an eine Zeit erinnert, in der sie sich noch Illusionen machten, beinahe ohne es zu wollen und um dann sogleich in ihr Schweigen zurückzufallen und grimmig weiterzuschreiben? An das Frühjahr 1941 in Marseille, als Mime, als Mutter blind wie alle anderen Mütter, an André schrieb, der kurz vorher in den Vereinigten Staaten angekommen war: *In einer Sendung aus Paris haben wir das »Gesellenstück » von Simone bekommen, ich werde es abtippen und versuchen, jemanden ausfindig zu machen, der sich nach New York einschifft und Dir eine Abschrift bringen wird. Vielleicht interessiert das jemanden von der New School und verschafft Simone vielleicht die Aussicht auf irgendeine Stelle. Wenn sie eine auch noch so bescheidene Anstellung bekäme, welch ein Glück und wieviel Ruhe wäre das für uns.*

Berufsaussicht, Anstellung, Glück, Beruhigung … Glaubte sie selbst auch im Jahr 1941 wirklich daran?

Wenn Biri genug abgeschrieben hatte, machte er einen kleinen Gang nach draußen. Und wenn er zurückkam, wurde er jedesmal freudig empfangen. Kaum hatte er die Türen hinter sich geschlossen und seine Baskenmütze auf den Kleiderständer geschleudert, verkündete er mit der Miene eines spitzbübischen Witzbolds aus dem Elsaß: »Heute mal keine Knusperplätzchen, der Händler hatte keine mehr!« Meine Schwester und ich protestierten. Wir sprangen lärmend um ihn herum wie junge Hunde und steckten unsere Hände tief in die Taschen seiner Joppe oder seines Regenmantels, und dort fanden wir die winzigen heißgeliebten Plätzchen zum Knabbern. Und er lachte über unseren Spaß und futterte mehr als eines davon mit uns.

Der Platz der Zuckerdose

– Ihr seid die Töchter eines Genies, ruft uns meine Mutter unablässig ins Gedächtnis. Und häufig fügt sie hinzu, daß wir viel Glück hätten.

Da er ein Genie ist, kann mein Vater sich selbstverständlich nicht daran erinnern, wo die Zuckerdose oder die Kaffeekanne steht, wo das Besteck liegt, ja nicht einmal an die Wörter, die die fraglichen Gegenstände bezeichnen. Braucht André ein Messer oder Zucker, holt er mit der Hand weit aus, in der Art einer Tachometernadel. Manchmal läßt er beide Hände kreisen. Zwei Tachonadeln. Es ist dann Sache meiner Mutter, meiner Schwester oder von mir, die Tachoausschläge zu deuten, bevor wir eiligst den Gegenstand herbeiholen.

Wenn meine Schwester und ich protestieren (meine Mutter tut das nicht), erklärt er uns, daß das Gedächtnis nicht grenzenlos erweiterbar ist und deswegen vermieden werden muß, es mit unnützen Einzelheiten vollzustopfen. Warum gerade der Platz der Zuckerdose an oberster Stelle dieser Liste von unnützen Einzelheiten steht, weiß ich nicht. Aus diesem kleinen Diskurs meines Vaters ziehen wir den Schluß, daß die unnützen Einzelheiten gut und gerne schwächelnde Gehirne, mithin die unsrigen, überbelasten dürfen, daß wir unsere Köpfe mit Zuckerdosen, Kaffeekannen, Untertellern, Seifenstücken und Handtüchern anfüllen können und daß das völlig unwichtig ist. Oder aber daß auch wir einen Kniff herausbekommen müssen, um dieser Fron zu entgehen. Simone hat diesen Kniff gefunden, versteht sich, sie hat ihr Gedächtnis niemals mit unnützen Einzelheiten überfüllt. Nicht einmal, auch das muß gesagt werden, mit bestimmten Einzelheiten, die uns wiederum recht nützlich zu sein scheinen. Man braucht nur die Briefe zu lesen, in denen Mime erzählt, daß sie ihrer jungen *Agrégée*, der frisch gebackenen Studienrätin, den Haushalt und das Kochen abnimmt. Nicht nur den Haushalt, sondern dazu noch die Einkäufe und das Verstauen der Garderobe, sie sorgte dafür, daß es der »Trollin« weder an Wäsche noch an Taschentüchern mangelte. Unterdessen ging Simone – mit unbeschwertem Gedächtnis – allen möglichen amüsanten Tätigkeiten nach, wie etwa sich über die Rektorin des Lyzeums zu mokieren und mit den streikenden Arbeitern zu demonstrieren. Ich halte immerhin fest, daß meine Großmutter beunruhigt war und sich fragte, ob Simone ehetauglich sei. Vielmehr befürchtete, daß sie es nicht sei. »Kannst Du sie Dir als Familienmutter vorstellen?« schrieb sie an meinen Großvater.

Manchmal träumen meine Schwester und ich davon, einen normalen Vater zu haben. Er würde den Kaffeetisch vorbereiten, er würde den Salat anmachen. Wir wären ihm wichtiger als seine Arbeit, und er würde zu uns sagen: »Wie hübsch du bist, mein Schatz, erzähl mir mal, was du heute getan hast«. Seine Worte an uns wären von liebevoller Trivialität.

Ach ja, aber da hakt es eben: es wäre trivial. Mittelmäßig. Wir wurden gut darauf dressiert, alles zu verachten, was nicht groß und hehr war. Wie widerwärtig, zufällig den Vater einer unserer Klassen- oder Ferienkameradinnen beim Kartenspielen zu sehen oder, noch schlimmer, auf dem Sofa beim Fernsehen. Wir erröten vor Scham für unsere unglückselige Kameradin. Wo doch unser Vater, eingeschlossen in seinem Arbeitszimmer, Zahlen und Zeichen aneinander reiht, deren Unverständlichkeit die Gewähr für Überlegenheit bietet. Er arbeitet an einer Summe von Brüchen, mit der sich die größten Mathematiker der Welt erfolglos seit fast hundert Jahren befassen! Eines Tages, ich mag 10 Jahre alt gewesen sein und lernte gerade, Brüche zu addieren, schrieb André für mich auf einen schmalen Streifen Papier:

$$1 + \frac{1}{2^s} + \frac{1}{3^s} + \frac{1}{4^s} + \frac{1}{5^s} + \frac{1}{6^s} + \dots$$

Darauf ich:

– Ist das alles? Und daran arbeitest du?

Ich schiebe den Papierstreifen in mein Rechenheft und hebe ihn, gewissermaßen als Zauberformel, dort lange Zeit auf.

Wenn er sich gerade nicht mit Mathematik befaßt, liest er dicke Folianten, die in relativ rauhes Leder eingebunden sind und auf deren Seiten man uralte runde Löcher entdecken kann, die von Würmern gebohrt wurden, die im Mittelalter lebten, oder aber er wandert durch ein Museum und stellt dabei Überlegungen von unvorstellbarer Tiefe über Bilder von van Gogh oder über griechische Amphoren an.

Tochter eines Genies! Ich habe sehr früh gelernt, ihn nicht zu stören, wenn er arbeitete, eine andächtige Stille walten zu lassen, wenn er am Sonntag Morgen im Radio Bach-Kantaten hörte. Während meiner ganzen Kinderzeit sah ich Schrecken und Angst in den Augen seiner jungen Kollegen. Für mich war es selbstverständlich, daß er mich als Dummkopf behandelte, wenn ich meine Übersetzung ins Lateinische oder ein Algebra-Problem nicht begriff. Derartiges konnte sogar, wenn man sich ein wenig anstrengte, in ein Thema, auf das man stolz war, verwandelt werden. Ich hatte akzeptiert, daß er auf Reisen ging, wenn ich krank war, und daß er mir immer nur mit einem Ohr zuhörte, während seine Augen auf sein Buch geheftet waren. Ich gab mir Mühe, Gesprächsthemen zu finden, die ihn interessieren mochten, denn auf nichts reagierte er mit soviel Wut und einer solchen Verachtung wie auf ein Gespräch, das er als überflüssig abtat. Bei Tisch. Beim Spazierengehen. Überflüssig, so hieß es bei ihm.

Welches Glücksgefühl dagegen, wenn ich es fertig gebracht hatte, beim Abendessen zwischen zwei Bissen eine treffende Bemerkung über *Athalie* oder *Der Menschenfeind* zu machen oder einige Verse aus der *Aeneis* anzubringen. Im letzteren Falle mußte man sich etwas panzern und sich daran erinnern, daß es ihm trotz des unausbleiblichen, betrübten und betrübenden »Mein armes Mädchen, man bringt dir nicht einmal bei, die lateinischen Verse anständig zu skandieren« Freude machte.

Denn unser Vater, dieses Genie, gab sich mit Mathematik nicht zufrieden. Sein Gehirn war eine Krake, deren Fangarme in alle Richtungen ausgefahren wurden. Er skandierte lateinische wie auch griechische Verse, und man glaubte dabei, Homer oder Theokrit persönlich zu hören; im übrigen las er Griechisch in dicken Büchern, deren Buchstaben in keiner Weise denen unserer griechischen Grammatik oder Anthologien ähnlich sahen. Er las das Sanskrit mit seinen wahrhaft bizarren Lettern. Er sprach Italienisch wie Dante, Spanisch wie Cervantes und auf entsprechende Weise beinahe alle lebenden Sprachen. Die in seiner Wiedergabe an Lebendigkeit verloren, leider.

Tatsächlich, wir hatten Glück. Bei Tisch konnten wir lernen, lernen und nochmals lernen …

Allerdings war da noch etwas: ein Dämon, ein mächtiger, schlauer Dämon, der uns, da er uns als Adoptivfamilie auserkoren hatte, auf Reisen folgte, sich zu uns an den Tisch setzte und uns eigentlich niemals verließ. Dieser Dämon flüsterte meiner Schwester und mir ins Ohr, die einzige Möglichkeit, sich das Recht zu erwerben, den Platz der Zuckerdose oder der Scheuerlappen zu vergessen oder, besser noch, ihn nie gekannt zu haben, bestehe darin, während der ganzen Mahlzeit Vergil aufzusagen. Als Lösung war das selbstredend unmöglich. Mitleidslos und logisch, wie er war, drängte uns der Dämon daraufhin in die Gegenrichtung, das heißt dazu, von Beginn des Abendessens an alle möglichen Albernheiten auszutauschen, über die wir Gören uns totlachten und die meinen Vater schier um den Verstand brachten. Die Reaktion ließ nicht auf sich warten: »Ich kann das nicht länger mit anhören!« Wir wußten, was kommen würde. »Ich entziehe Euch das Wort, ich schneide euch die Zunge ab, ich stecke sie in meine Tasche, hört Ihr, die beiden Zungen sind in meiner Tasche, und Ihr könnt erst wieder sprechen, wenn ich sie Euch zurückgebe.«

Als wir klein waren, nahmen wir das sehr ernst. Als wir etwas älter waren, gingen wir auf das Spiel ein. Wir schwiegen. Wir warteten darauf, daß er uns gnädigst unsere Zungen zurückgab. André war stärker und gewitzter als der Dämon.

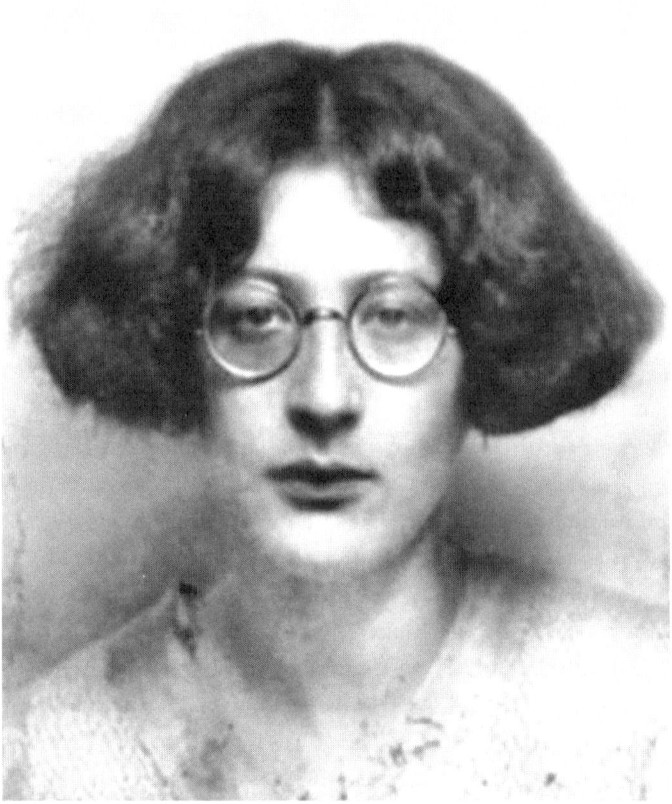

Simone Weil mit 15 oder 16 Jahren

Wem gelten denn hier die Glückwünsche?

In all meinen Oberschul- und Studienjahren in Paris schrieb mir mein Vater, der zunächst Professor an der Universität Chicago und später am Institute for Advanced Study in Princeton war, lange Briefe. Ich habe sie noch. Ihr Inhalt ist recht vielfältig. Einige befassen sich nur mit den An- und Abfahrtszeiten von Flugzeugen oder Überseedampfern, wenn die Ferien näher rücken, in denen ich meine Eltern in den Vereinigten Staaten besuchen sollte. Als junger Mann war mein Vater ein passionierter Leser von Fahrplänen. Die Fahrpläne der Eisenbahn versinnbildlichten Träume und Freiheit, zu einer gewissen Zeit aber auch die Rendezvous mit meiner Mutter. Diese Leidenschaft hat ihn niemals wirklich losgelassen.

Am häufigsten ist in den väterlichen Episteln von schulischen Dingen und meinem Studium die Rede, und nicht selten erwähnt mein Vater darin seine Schwester. In gewisser Weise vergleicht er uns miteinander. So schrieb er mir, als ich in der letzten Klasse am *Lycée Fénélon* war (dem Gymnasium, das auch Simone besucht hatte): *Was die Zweifel anbelangt, die Deine eigene Intelligenz Dir eingibt, so lassen sie mich an meine Schwester denken, die, ich weiß nicht mehr wem, in einem Brief, der im Druck erschien und von Menschen, die über sie schreiben, gerne zitiert wird, gesagt hat, daß sie ernsthaft daran dachte, sich umzubringen, anscheinend im Alter von etwa 15 oder 16 Jahren »wegen der Mittelmäßigkeit ihrer Fähigkeiten« (ich glaube, das sind ungefähr die Worte, die sie verwendet.) Ich muß sagen, daß ich damals nie geahnt hatte, daß sie in dieser inneren Verfassung war. Wie auch immer,*

Du siehst daran, daß Du nicht die erste bist, die in diesem Alter mit solchen Besorgnissen zu tun hat, obwohl es nicht häufig vorkommt, daß man deswegen an Selbstmord denkt (zweifellos hat meine Schwester die Dinge im nachhinein etwas übertrieben). Ich brauche Dir nicht eigens zu sagen, daß es ebenso falsch ist, zu meinen, daß schulische Erfolge nie in Beziehung zur Intelligenz stehen, wie anzunehmen, daß sie ein genaues Eichmaß für diese Intelligenz sind. Damit ein intelligenter Mensch die Intelligenz, die er besitzt, recht verwerten kann, ist es sehr nützlich, daß er ein gesundes Selbstvertrauen hat. Nun verhelfen Erfolge, (was in Deinem Alter heißt, schulische Erfolge) sehr dazu, Selbstvertrauen zu gewinnen, das ist das Gute an ihnen.

Mein erster großer schulischer Erfolg kam wenig später: ein erster Preis bei dem Concours général. Die Preisverleihung in der großen Aula der Sorbonne war, glaube ich, recht grandios. General de Gaulle persönlich führte den Vorsitz, sicherlich um zu zeigen, daß die französische Jugend großartig war. Ich erinnere mich nicht im geringsten an die Feierlichkeit, nur an das, was General de Gaulle sagte, als er mir die Hand schüttelte.

Am Abend nach der Preisverleihung befand ich mich ausnahmsweise mit einem Freund in einem Café. Ein Zeitungsverkäufer kam herein. *France- Soir*, holen Sie sich *France-Soir*, die Spätausgabe! Mein Freund sah das Foto auf der Titelseite von ferne als erster. Dieses füllte auch den ganzen mittleren Teil der Seite aus. Mein Freund war noch beim Kauf der Zeitung, da stammelte er schon vor Überraschung: »Schau mal, schau doch mal!« Ich war's. Just in dem Augenblick, als General de Gaulle sich zu mir herunterbeugte und mir die Hand schüttelte. Unsere ineinander verschränkten Hände waren zwangsläufig unscharf, da sie sich bewegten. Unsere Gesichter jedoch waren sehr deutlich. Der General mit seinen etwas vorgewölbten Lippen- man sah fast die Worte zwischen ihnen heraustreten – sagte mir etwas Liebenswürdiges, und ich schaute ihn, nach oben blickend, an. Ein leichtes, wohlerzogenes Lächeln. Ich und de Gaulle. Ich, in meinem hübschen geblümten Kleid, das meine Mutter mir zu diesem Anlaß bei Franck gekauft hatte, und mit meiner alten, leicht an-

Sylvie Weil bei der Preisverleihung durch General de Gaulle
(Photo Interpress, 142, rue Montmartre)

geschmutzten weißen Lederjacke, die ich nicht abgelegt hatte, vielleicht, weil ich mich schämte, meine Arme der ganzen Versammlung zu zeigen. Wahrscheinlich aber eher aus Vergeßlichkeit. Denkt man denn mit 16 Jahren in einer solchen Situation an seine Jacke? Über dem Foto stand in fettgedruckten Buchstaben: die Tochter des Mathematikers Maurice Weil (für meinen Vater ein ärgerlicher Fehler!), Preisträgerin des *Concours général*, empfängt ihre Preise aus der Hand General de Gaulles.

Eine Stunde später und nicht zu übersehen, die 8. und allerletzte Tagesausgabe an einem Kiosk des Boulevard Saint-Michel: dieselbe Großaufnahme (während die übrigen Rubriken der Titelseite geändert worden waren) und darüber die gleichen, fettgedruckten Lettern, doch hieß es diesmal: die Nichte der Philosophin Simone Weil, usw.

Die Familie mithin vollständig.

Den ganzen Abend lang und während des ganzen nächsten Tages läutete das Telefon ununterbrochen. Man bespöttelte meinen Vater, der es »schließlich und endlich auf die Titelseite einer Tageszeitung geschafft hatte, aber – was für ein Pech! – unter falschem Vornamen!« Die Freundinnen meiner Mutter riefen an und fanden es höchst bedauerlich, daß ich meine alte Jacke nicht ausgezogen hatte. Noch vor diesen Anrufen hatte meine Mutter dies selber schon getan, im Übermaß. Völlig umsonst, das hübsche Kleid aus dem Hause Franck! Die Frauen aus der Verwandtschaft sprachen mehrere Wochen lang über die Jacke, die ich nicht abgelegt hatte, und ließen fast jedes andere Thema beiseite.

Ich hatte einen riesigen Stoß Bücher und ein großzügig dotiertes Reisestipendium bekommen. Und auf der Titelseite von *France-Soir* prangte das Foto von mir mit General de Gaulle, der sich zu mir herunterbeugt und meine Hand in der seinen hält. Das Foto zeigt ihn, wie gerade spricht. Was er mir gesagt hat? Er sagte zu mir: »Ihre Tante habe ich sehr bewundert.« Kein Wort mehr, nicht einmal ein »Herzlichen Glückwunsch, Mademoiselle!« Nichts. Daran erinnere ich mich. Kein Wort für mich, das junge Mädchen, das soeben seinen ersten, wahrhaft großen schulischen Erfolg errungen hatte!

Außerdem wußte ich sehr wohl, daß er in London erklärt hatte, sie, meine Tante, sei völlig verrückt. Und nun – Bewunderung?

Selbstverständlich besitze ich noch immer die beiden Ausgaben von *France-Soir.* Ich schaue sie mir an, während ich diese Zeilen schreibe: Mit meinem tiefschwarzen, hochgesteckten Haar bin ich entzückend, daß ich aber meine Jacke nicht ausgezogen habe, ist wirklich schade.

Mich taufen lassen?

Als wir in der Wohnung in der Rue de Auguste-Comte lebten, schlief ich in manchen Jahren im 6. Stockwerk, der Etage meiner Großeltern. Abends, wenn sie glaubten, ich sei eingeschlafen, stand ich zuweilen wieder auf und öffnete lautlos den »Manuskripteschrank«. Ich hob die Deckel von den Schachteln und Holzkisten ab, in denen sich die Hefte und Blätter stapelten, die mit der mir so vertraut gewordenen Schrift der beflissenen Schülerin bedeckt waren. Die philosophischen und die historischen Schriften meiner Tante sind mir gleich obskur wie die mathematischen Erstfassungen, die auf dem Arbeitstisch meines Vaters herumlagen. Ich hatte also sehr rasch herausgefunden, welche Schachteln und Kisten die Hefte und Briefe enthielten. Im Nachthemd, auf den Boden gekauert oder im Schneidersitz las ich *Christus selbst ist hernieder gestiegen und hat mich genommen.* Für mich indessen waren damit die Wirrnisse aufkeimender Sexualität verbunden. Bewundernswert und unverständlich, diese Phantomtante, die zu unserer täglichen Umgebung gehörte. Ich träumte von Gérard Philipe, sie ließ sich von Christus nehmen.

Ich entdeckte sehr schnell, daß ich fast in jedem ihrer letzen Briefe an ihre Eltern und ihren Bruder erwähnt wurde. Mit 13 Jahren kannte ich alle Sätze auswendig, die mich betrafen. Einige entzückten mich, schmeichelten mir: Die *Sylvie mit dem sonnigen Lächeln*, das war ja ich! Andere machten mich neugierig: *Ich habe einen Zauber über sie gesprochen, und das wird sich in einigen Jahren zeigen.* Ich fragte mich selbstverständlich, ob dieser berühmte Zauber von Simone schon zu erkennen war. Aber welcher Art war dieser Zauber?

Der Brief Simones, den ich am häufigsten las, war natürlich der erstaunliche Brief, in dem sie meinem Vater rät, mich taufen zu lassen.

Im Falle *einer mehr oder weniger antisemitischen Gesetzgebung* …, schrieb meine Tante, *wird es für sie wahrscheinlich angenehm sein, diese Vorteile für sich in Anspruch nehmen zu können, ohne irgendeine Feigheit zu begehen.* Dieser Satz empörte mich aufs äußerste.

Er erschien mir sowohl meiner Tante als auch meiner nicht würdig. Ich wandte mich direkt an Simone: In ihrem Kopf war demnach Raum für solche Ideen? Es gab also in ihr einen Bodensatz von eben der Feigheit, die sie mir da ohne Zögern unterstellte? Die Taufe, die sie für sich selber ablehnte, wollte sie mir zuspielen, und nie wäre der Makel der Taufe noch der ihrer »Vorteile« auf sie gefallen! Das Heldentum behielt sie sich vor, und aus mir machte sie dabei jemanden, der es »wahrscheinlich angenehm« fand, in den Genuß der den getauften Juden gewährten Vergünstigungen zu kommen. Welcher Art von Vergünstigungen? Eine Loge in der *Comédie-Française*? Eine gut bezahlte Arbeit? Eine große Wohnung? Wieviel Verachtung hatte sie denn für die Frau, zu der ich werden würde?

Was mir an diesem Brief nichtsdestoweniger gefiel und mich natürlich amüsierte, war, daß Tante Simone anscheinend intensiv über meine Verehelichung nachdachte, da sie alle für mich in Frage kommenden Verlobten aufzählte. Diese Liste brachte mich ins Träumen. Im Gänsemarsch sah ich die verschiedenen Verlobten, die sie für mich in Erwägung zog, vorbeiziehen. Den katholischen Verlobten, den Protestanten, den »Sohn praktizierender Christen« (ich sah schon meine zukünftigen Schwiegereltern im Sonntagsstaat zur Messe aufbrechen), den Juden, den Atheisten, den Buddhisten, … für letzteren interessierte ich mich besonders. Ich stellte ihn mir immer in einer fabelhaften fremdländischen Gewandung vor.

Meine Eltern zögerten lange Zeit, Simones Wunsch zu erfüllen. Mein Vater hätte sich gerne vermittels einer protestantischen Taufe aus der Affäre gezogen. Er versuchte, seine Schwester dazu zu überreden. Vergeblich. Die protestantische Taufe, erwiderte sie ihm, ist etwas sehr »Fades«. (Anmerkung für die Nicht-Eingeweihten: Im Jargon der Studierenden an der *École normale supérieure* bedeutet »fad« »langweilig und lästig«. Simone und André verwenden in ihrem Briefwechsel ständig dieses Wort, ein Überbleibsel aus ihrer Studienzeit an der *École normale*.) Fad, da die Katholiken sie nicht anerkennen, schreibt sie. Daraufhin taucht wieder der katholische Verlobte auf, den ich wegen der protestantischen Taufe nicht heiraten könnte. Auch wenn er daran keinen Anstoß nähme (Simone dachte entschieden an alles!), könnte es doch seine Eltern befremden, und diese würden sich unserer Heirat widersetzen. Letztendlich wäre das Ganze verlorene Liebesmüh' gewesen. Zum Glück gilt das nicht im umgekehrten Fall, und eine katholische Taufe würde für den protestantischen Verlobten keinerlei Probleme schaffen. Mir stünden weiterhin alle Wahlmöglichkeiten offen. Insgesamt stellte Tante Simone Überlegungen an, wie es eine fürsorgliche Mutter tun würde (eine jüdische Mutter im vorliegenden Falle, selbst wenn es um die Taufe ging!), die für ihr Kind nur das Beste will. Ich brauchte eine Mehrzweck-Taufe, die mir die größtmögliche Zahl von Türen öffnen würde, mir Vergünstigungen brächte und mir weder Kummer noch Sorgen machen würde!

Geraume Zeit nach dem Tod meiner Tante hat man mich schließlich in einer New Yorker Kirche taufen lassen, zuerst im ehrenden Gedenken an sie und dann weil meine Familie, wie so viele andere jüdische Eltern auch, die Vorstellung hatte, daß ein Taufschein eine Art Schutz darstellen könnte. Er gehörte genauso zu den Unterlagen, die man sammelte, wie die Ausweise der Kriegsveteranen, die Abgangszeugnisse von Schulen und Studiengängen, die Auszeichnungen, falls man welche vorzuweisen hatte, die Laisser-passer jedweder Art, die Visen. Inzwischen befürchte ich sehr, meinen Taufschein verlegt zu haben. Dagegen bleiben mir die Visen für Siam für die ganze Familie Weil. Vor mir liegt der Paß Simones: »Beglaubigt, um sich nach Bangkok zu begeben und sich dort aufzuhalten, Marseille, 17. September 1940« Und der prächtige Stempel des Konsulats von Siam. Auch das war eine Idee Simones. Mein Großvater Biri hatte eine ganze Nacht lang in Marseille angestanden, um diese Visen zu erhalten und sie sehr teuer bezahlt. Bangkok? Wie hätten sie denn dahin kommen sollen?

An meinem Tauftag hat es mir großen Spaß gemacht, zwischen den Sitzreihen herumzurennen, erzählte man mir. Ich war viel zu klein, um zu begreifen, daß von nun an eine ganze Kohorte sehr unterschiedlicher Verlobter seelenruhig um meine Hand anhalten konnte.

Schlußfolgerung? Zwar habe ich mich nicht einem fanatischen Judentum zugewandt – ich zitiere noch immer den Brief Simones, aber was verstand sie darunter? –, aber ich bin zum Judentum »zurückgekehrt« und habe einen jüdischen Mann, der aus einem streng orthodoxen Milieu stammt, geheiratet. Der einzige Fall, der bei ihr nicht vorgesehen war!

Die beiden Nönnchen

Zuweilen muß ich an die beiden italienischen Nönnchen denken. Sie waren nicht mehr ganz jung, indessen klein und irgendwie allerliebst in ihren strahlend weißen Gimpen und den langen dunklen Schleiern, wie sie da zu Besuch zu meinem Vater in die Rue Auguste-Comte kamen, um mit ihm über Simone zu sprechen. Sie hatten ihm, sehr artig, ungefähr diesen Vortrag gehalten:

– *Signor* Weil, *la sua sorella* Simone Weil war eine große Intellektuelle, und ihre Überlegungen waren schöne Überlegungen, aber wir, *Signor* Weil, wir hätten sie überzeugt, überzeugt und bekehrt, das dürfen Sie uns glauben! Wir, wir hätten sie Ihnen getauft!

Sie waren munteren Schrittes wieder gegangen, beglückt über ihren Besuch, stolz auf ihre Gewißheit, und mein Vater hatte ihnen eine gute Heimreise nach Rom gewünscht und ihnen mit größter Ehrerbietung die Tür zum Aufzug aufgehalten. Versonnen, mit einem leisen, amüsierten Lächeln, dem aber jeder Anflug von Ironie fehlte, sagte er mir dann:

– Vielleicht ist es schade, daß Simone ihnen nicht begegnet ist!

Gefüllter Karpfen

Und wenn nun Salomea, genannt Selma, ihre fromme elsässische Schwiegermutter geliebt hätte, anstatt sich über sie zu mokieren? Und wenn sie Simone und André zusammen mit ihrem Mann zum *Seder* gebracht hätte, dem traditionellen Mahl, das Eugénie Weill jedes Jahr zum Pessach-Fest zubereitete, anstatt es zu verschmähen? Denn sie unterließ es nicht nur, die Kinder hinzubringen, sie hatte darüber hinaus ihren Mann überredet, auch nicht hinzugehen. Wenn sie nun aber ihre Kinder angehalten hätte, dieser Großmutter mit dem schönen weißen Haar und den großen dunklen Augen, die sie nur allzu gerne vergöttert hätte, mit Achtung und Zuneigung zu begegnen? Anstatt auf sie die Abneigung, welche sie selbst für die alte Dame empfand, zu übertragen, die zuweilen für einige Tage mit ihrem Kochtopf und ihren koscheren Tellern, ja, das stimmt schon, sowie ihrem Gebetbuch in Hebräisch zu ihnen kam?

Hatte oder wollte Selma vergessen, daß ihre eigenen Eltern in die Antwerpener Synagoge gegangen waren oder an Festtagen nicht gearbeitet hatten? Ich lese nochmals einen Brief, der am 24. September 1895 von Felix, Selmas Bruder, an ihren Vater Adolphe Grigoriewitsch Reinherz geschrieben wurde. Felix spottet liebevoll über seinen lieben Papa, der seinen Urlaub in Ostende abkürzt, um an den Gottesdiensten zu *Rosch Ha-Schana* und *Jom Kippur* in der Rue des architectes (heute die Bouwmeesterstraat, wo die große, die sogenannte holländische Synagoge zwei Jahre zuvor, also 1893, fertiggestellt worden war) teilzunehmen. *Willst Du unbedingt trotz deines Radikalismus' in politischen Dingen und der religiösen Skepsis Deiner Kinder die geheiligten Fami-*

lientraditionen unangetastet beibehalten? fragt der zwanzigjährige junge Mann. Die Zeit, die sein Vater in der Synagoge verbringt, wird ihm die schöne Urlaubsbräune nehmen! *Der liebe Gott befiehlt Dir, so weit wie möglich das schöne Wetter zu nutzen, und rät Dir, einen Spaziergang nach Maria Kerke* (einen Strand in der Nähe von Ostende) *und nicht in die Rue des architectes zu machen*, behauptet er, um mit folgenden Worten zu schließen: *O la la! Ich befürchte, daß ich mir durch diese wenigen* Goi-*Sätze die Wut und die Empörung meiner teuren Eltern zuziehe, aber ich zähle auf den Liberalismus ihrer Ideen, damit sie mir vergeben, daß ich ihnen auf ihrem religiösen Weg nicht folge und sogar zu zweifeln wage. In jeden Falle hoffe ich sehr darauf, daß Ihr mir nicht verbietet, an diesem Tag zu arbeiten, ein Verbot, das ich ohne Bedenken überschreiten würde, das glaube ich Euch im voraus sagen zu müssen.*

Demnach war bei den Kindern Reinherz Aufsässigkeit aufgekommen!

Was zeigt das? Nichts, außer daß die Biographen Simone Weils, die ganz brav in die Fußstapfen von Simone Pétrement traten, die bei der Schilderung von Selmas Eltern von »liberalen Juden, die keinerlei religiöse Praxis mehr hatten« spricht, diese Seite der Familie Reinherz ausblenden wollten. Beschrieben wird sie als kosmopolitische, gebildete, hochmusikalische Familie … All das traf ganz zweifellos auf sie zu, aber nichtsdestoweniger gingen sie von Zeit zu Zeit in die Synagoge und behielten die Kinder an den jüdischen Festtagen im Hause! Erwähnt wird allerdings die Sammlung der von Adolphe Grigoriewitsch geschriebenen hebräischen Gedichte, ein in rotes Leder gebundener Band, den mein Vater mir öfter beschrieben hat und dessen Verschwinden er beklagte. Waren es *Pijjutim*, liturgische Gedichte, oder aber Liebesgedichte, die die Bilder des Hohen Liedes verwandten?

Nebenbei möchte ich auch erwähnen, daß es weder den »liberalen« Juden, den Reinherz', noch den praktizierenden Juden, den Weils, und auch nicht der rebellischen, opernbegeisterten Selma, noch Bernard, dem atheistischen Arzt mit den Fortschrittsideen je in den Sinn gekommen wäre, eine oder einen *Goi*, jemanden, der nicht jüdisch gewesen wäre, zu heiraten oder bei der Trauung auf die Dienste eines Rabbiners zu verzichten!

In mehreren gelehrten Artikeln über meine Tante wurde ihre heftige Ablehnung alles Jüdischen mit dem ersten Kontakt erklärt, den sie als kleines Kind mit dem bedrückenden, einengenden Judentum ihrer Großmutter väterlicherseits gehabt hatte – der ein empfindsames Mädchen für immer zu erschrecken vermocht hätte. Ich habe mit Verblüffung erfahren, daß meine Urgroßmutter Eugénie die kleine Simone durch ihre »abstoßende«, »allzu strenge« Frömmigkeit traumatisiert hat. Mit Verblüffung insofern, als die Gebote, denen sich Eugénie unterzog (die eine Frau und zudem alt war), nicht sehr weit gegangen sein dürften. Sicherlich hat sie sich die Hände gewaschen, bevor sie zum Essen ging. Dr. Weil und seine Familie taten es ebenfalls, und zwar in einer recht zwanghaften Art.

Simone soll traumatisiert worden sein, weil ihre Großmutter keine Tasche und keinen Regenschirm mitnahm, wenn sie Samstags spazieren ging? Weil sie kein Schweinefleisch aß? Keine Garnelen?

Das ist zum Totlachen. Man hat meine Großmutter befragt und die Aussagen einer Schwiegertochter, die ihre Schwiegermutter nicht mochte, für bare Münze genommen. Und in der noch immer etwas von dem jugendlichen Aufbegehren gegen die eigenen Eltern steckte, davon bin ich überzeugt.

Denn mir war schon seit langem etwas völlig anderes über die traurige, zartfühlende Eugénie zu Ohren gekommen, über diese vereinsamte alte Dame, die sich in Paris stets fremd fühlte, da sie schlecht Französisch sprach und ihr Lieblingssohn – mein Großvater – sie sich selbst überlassen hatte oder nur hastig bei ihr hereinschaute, alleine, wegen der Antipathie seiner Frau gegenüber ihrer Schwiegermutter. Diese sehr sanftmütige Ahnfrau, die nichts lieber getan hätte, als die Kleine, die sie *Simonele*, und natürlich auch den Knaben, den sie manchmal *Avromele* nannte, zu vergöttern, denn André trug den Namen ihres Mannes, des elsässischen Großvaters Abraham Weill.

Träumen wir einmal: Wenn nun Selma die Kinder zum *Matze*-Essen und zum gefüllten Karpfen (garantiert nach uraltem Familienrezept) zur Großmutter gebracht hätte, wenn Simone reizvolle und zärtliche Erinnerungen an die *Pessach*-Mahle bei ihrer »Oma Eugénie« gehabt hätte? Wenn nun …? Träumen wir, oh ja, warum auch nicht?

Das Schöne an Euklid

In einem von Simones Heften lese ich:

Die Axiomatik der modernen Mathematiker: was wollen sie? Sie treiben Mathematik, ohne deren Gebrauch zu kennen.

(A. fragen: erlebt er Vergnügen am Erfolg oder ästhetische Freude?)

Ich lese diesen Satz mit der darauf folgenden, in Klammer gesetzten Frage und unvermittelt und ohne sofort zu begreifen, warum, fühle ich mich wohl. Diese Klammern, die an sich nicht sehr auffallen, beinhalten eine kleine Zusammenkunft der Familie, meiner Familie! Mir ist die Axiomatik der Mathematiker gänzlich schnuppe, aber ich empfinde ein tief inneres Vergnügen wie damals, als ich den Gesprächen meines Vaters mit seinen Kollegen zuhörte, von denen ich zwar nichts verstand und die mich trotzdem mit dem Gefühl des Geborgenseins erfüllten. Die Diskussionen in dieser seltsamen Sprache der Mathematik strukturierten den Raum, in dessen Mitte ich atmete und träumte, ebenso sehr wie das Klappern von Andrés Schreibmaschine, wie die Mauern und das Dach, die mich vor dem Regen schützten.

Simone hat sicherlich nicht vergessen, ihrem Bruder ihre Frage zu stellen. Vielleicht an einem Tag, als sie zusammen bei den Eltern zum Mittagessen waren.

Das Weil-Quartett sitzt in der Rue Auguste-Comte zu Tisch, in der riesigen Küche mit den aus Antwerpen mitgebrachten schweren flämischen Möbeln. Es ist wohlig warm, das Fenster zum sonnenbeschienenen Hof, wo die frühlingstrunkenen Mauersegler sich ins Leere stürzen und sich dann in lärmenden Arabesken in den Himmel schwingen, steht weit offen. Die Küche mit der hohen Decke ist voll von Stimmen, den Stimmen der Weils, mit ihrem leicht metallischen Timbre und der etwas langsamen und akzentuierten Sprechweise. Man hat den Eindruck, daß sie griechische Tragödien vortragen oder deutsche Gedichte, mit einem, vor allem von Mime gehauchten H, dieses ausgesprochene H, das ich, die gerne spöttelte und es an Ehrerbietung fehlen ließ, aus Spaß öfters nachgeahmt habe. Biri lauscht interessiert, er nickt. Ich frage mich, was Mime ihnen vorsetzt. Wahrscheinlich Sauerkraut. Die Familie Weil liebt Sauerkrautgerichte. Ich nehme sogar an, daß Simone es an diesem Tag nicht ablehnt, ein Glas Elsässer mit ihrem Bruder zu trinken. Sie sind gut gelaunt.

Ich bin bei ihnen, ich schenke mir ein zweites Glas Riesling ein. Simone hat die Ellbogen auf den Tisch gestützt und die Hände leicht gekrümmt – eine Gebärde, die man an ihr gewohnt ist – und wartet auf die Beantwortung der Frage.

Was antwortet André an diesem Tage seiner Schwester? Daß die Mathematik keine Wissenschaft, sondern eine Kunst ist, glaube ich.

Er spricht von der Schönheit, die sich in der Mathematik findet, angefangen bei der Mathematik Euklids und Archimedes'. Er sagt, daß er die Zahlen und Formen immer ihrer Schönheit wegen geliebt hat.

Vielleicht läßt er es dabei bewenden. Zeit seines Lebens zeigte sich André stets von unendlicher Schamhaftigkeit, wenn er persönliche Gefühle äußerte. Er sprach immer auf mittelbare Art, auf Umwegen, indem er die großen Autoren zitierte. (Am Tag nach dem Tod meiner Mutter sollte er mich fragen: »Weißt du noch, die Seite in den *Memoiren* von Saint-Simon, die durch eine Reihe von Tränen in zwei geteilt wird?« Ich antwortete ihm: »Ja, André, ich weiß. – Nun, ich denke an diese Seite.«)

Am Tag des Mittagessens mit Simone wird er mit seiner Schwester gewiß über eine berühmte Seite bei Poincaré gesprochen haben, in der dieser eine gewisse Hochstimmung beschreibt, die ihn zur Entdeckung der Fuchsschen Funktionen führte.

Vielleicht sagt er ihr schon das, was er später schriftlich niederlegen wird, daß »jeder Mathematiker, der diesen Namen verdient, manchmal nur in seltenen Intervallen, diese klarsichtige Hochgestimmtheit erlebt hat, bei der die Gedankengänge sich auf wunderbare Weise untereinander verketten, woran das Unbewußte (welche Bedeutung man diesem Wort auch immer beimessen mag) auch seinen Anteil zu haben scheint«.

Er wird ihr sicherlich auch von Gauß erzählt haben, der anscheinend gesagt hat: *»procreare jucundum«* (Zeugen ist eine Lust), jedoch hinzusetzte: *»sed parturire molestum«* (aber Niederkommen ist eine Qual).

Wird er seiner jungfräulichen Schwester auch das sagen, was er später mehr als einmal aussprechen wird: daß die Lust, zu spüren, wie die Gedanken sich auf wunderbare Weise miteinander verketten und von selbst zu fließen scheinen, der sexuellen Lust überlegen ist, da sie mehrere Stunden, sogar mehrere Tage andauern kann?

Warum nicht? Dieser Simone, die sich anscheinend manchmal als Mann betrachtet, kann man alles sagen!

Was den »Erfolg« anbelangt, den seine Schwester anspricht, da kann ich mir André sehr gut vorstellen, wie er ernsthaft und unter Betonung eines jeden Wortes das sagt, was er auch mir antwortete, als ich mir als Studentin Fragen über meine Zukunft stellte und ihn um seine Meinung bat: Er glaube, das unschätzbare Glück gehabt zu haben, eine Leidenschaft ausleben zu können.

(Er hatte nicht nur eine erlebt! Mit acht Jahren begeisterte er sich leidenschaftlich für … Krocket!

André spielt von morgens bis abends Krocket, und im Augenblick interessiert ihn nichts anderes … Wie leidenschaftlich dieses Kind doch ist. Hoffen wir, daß sich seine Leidenschaft nur auf gute Dinge richtet! schrieb meine Großmutter im Sommer 1914. André war damals 8 Jahre alt. Einen Monat später hatte er *eine wahre Leidenschaft für die Geometrie!*)

– Eine Leidenschaft zu haben und zu erleben, daß mit dieser Leidenschaft der Lebensunterhalt zu verdienen ist, das ist das Beste, was man sich in dieser Welt hienieden erhoffen kann.

So hat es mir mein Vater gesagt.

Eine echte Reliquie?

Das Schienbein der Heiligen? Sieh mal einer an! Sonst noch was?

Nun ja, ich weiß durchaus, daß ich kein echtes Schienbein bin. Auch wenn unmaßgebliche Leute mich zuweilen wie ein Schienbein behandeln, bin ich nicht einer von den echten Knochen der Heiligen, nicht einmal ein Knochenfragment oder ein Stück ihres Schleiers, ihres Gürtels oder ihrer Sandale. Gewiß, sie hat mich angefaßt, mich in ihren Armen gehalten und mir mein Fläschchen gegeben. Was genausoviel wert sein mag wie die Berührung der Sandale mit dem Fuß einer Heiligen. Aber in Wirklichkeit ist dem gar nicht so. Ich habe über die Geschichte mit dem Schienbein nachgedacht und bin zu dem Schluß gekommen, daß ich mich geirrt habe, als ich schrieb, »daß ihnen das Schienbein völlig gleichgültig ist«.

Ein echtes Schienbein oder auch ein Stück davon ist einem nicht egal. Mir ging es darum, den wahren Sachverhalt aufzudecken und darzulegen.

Vom Reliquienstand habe ich also etliche Nachteile ohne in den Genuß seiner Hauptvorteile zu kommen. Wäre ich eine echte Reliquie, würde man sich nicht damit zufrieden geben, mich einige Minuten lang zu hätscheln, mein Haar zu berühren oder bei meinem Anblick kleine Freudenschluchzer auszustoßen, um mich dann wie einen alten Lappen fallen zu lassen. Ein Schienbein ist kein alter Lappen, man läßt es nicht fallen, man hat viel zu viel Angst davor, daß es zerbröselt oder böse wird. Als echte Reliquie genösse ich es, ständig wichtig und für alle sichtbar zu sein. Das echte Schienbein stellt etwas dar. Das unechte nicht. Zumindest nicht auf Dauer. Zum Beweis: Nachdem die amerikanische Romanautorin vor Freude fast ohnmächtig geworden war, als sie erfuhr, daß sie einen Augenblick mit der Nichte Simone Weils von Angesicht zu Angesicht verbracht hatte, hatte sie sich nicht weiter um mich gekümmert, außer daß sie mir gegen Ende des Abends lange die Hand drückte. Was ich meinerseits zu erzählen gehabt hätte, interessierte sie dagegen keineswegs.

Bei mir kommt es eben vor – und da drückt mich der Schuh –, daß ich Lust habe, zu reden. Eine Reliquie redet nicht. Eine Reliquie hat kein Innenleben, sie ist leer, sie ist ganz und gar Reliquie, Zusammenfassung, Ersatzstoff, der an die Stelle des verehrten Objektes, des echten Kreuzes, des Leibes des oder der Heiligen tritt. Ich wiederum wollte aus mir selbst heraus existieren. Mutig, ja, gewissermaßen schon, aber dadurch bin ich zu einer unechten Reliquie geworden.

Eine echte Reliquie enttäuscht niemals: sie heilt Kranke, läßt Wunden vernarben, ist Garant für den Sieg und läßt manchmal Regen niedergehen. Wenn sie am heutigen Tage keine Genesung, keinen Sieg, nicht das erwartete Wunder gewährt, dann fleht man sie an – manchmal droht man ihr – und hofft weiter darauf, daß sie früher oder später ihren Verpflichtungen nachkommen wird. Fallenlassen wird man sie jedoch nicht. Man geht sorgfältig mit ihr um, man verhätschelt sie, man bewahrt sie vor Schaden, man verwahrt sie in einer Statue oder in einem mit Edelsteinen besetzten Schrein, und niemand käme je auf den Gedanken, ihr unhöflich den Rücken zuzukehren.

Ich dagegen …

Ich werde zwangsläufig zur Enttäuschung. Wenn der erste Augenblick der Erschütterung angesichts meiner kurzsichtigen Augen hinter ihren Brillengläsern vorbei ist, angesichts meines Mundes und meines Haares, das »dem ihren so sehr ähnelt«, ist die Ernüchterung groß! Ich kenne nicht mal das Werk meiner Tante auswendig. Ich vermag also die Zitate nicht zu beenden, die man mir wie Beigaben entgegen hält, in der Hoffnung auf eine wirkliche Kommunion, ein Bad, auf völlige Versenkung. Und wieviel Leute schauen mich dann mit unverhohlener Enttäuschung, mit trauriger Verwunderung an.

Wenn ich in den Augen mancher Menschen durchscheinend bin, dann besagt das nicht etwa, daß ich nicht da sei, sondern daß diese uneinsichtig sind. Sie alle, die bei meinem Anblick von Simone zu träumen anfangen, sie, die mir Simone mit allem, was sie im Gepäck hatte, als Vorspiel zu ihren Bemerkungen über mich zuwerfen, sie, die unweigerlich ein betontes »auch« hinzusetzen, wenn sie mit mir zufällig über etwas sprechen, was ich getan habe. Was mich angeht, so mache ich ihnen mit meinen an sich bescheidenen Ansprüchen das Leben schwer. Es wäre doch so schön, wenn ich Schienbein bleiben dürfte und wir uns damit begnügen könnten, im Geiste Simone Weils miteinander zu kommunizieren.

Die echte Reliquie ist Gegenwärtiges, wogegen ich vom Standpunkt der Glaubensbrüder aus (und manchmal sogar von dem der Gleichgültigen aus, da hier irgendeine Ansteckung mitspielt) Abwesendes bin. Das Eigentümliche an mir ist, nicht zu sein. Nicht Simone zu sein.

Wenn ich zu einer Unterredung, zu einem Gespräch am runden Tisch oder zu einem Vortrag über ein Thema eingeladen werde, welches rein gar nichts mit den Bereichen zu tun hat, in denen Simone heimisch war, wie etwa über die Romane, die ich über die Familie von Raschi, den großen Kommentator des Talmuds aus dem 11. Jahrhundert, geschrieben habe, die mit Simone nichts zu tun haben, darüber ist sich jeder einig, dann werde ich trotzdem vorgestellt mit – und das geht nun nie schief – »Simone Weil, oh, Pardon, entschuldigen Sie, ich wollte sagen …« Auf diese Weise wird mein Diskussionsbeitrag oder mein Vortrag mit dem beginnen, was ich nicht bin. Ich bin nicht meine Tante. Ich habe mir eine gewisse Anzahl von möglichen Reaktionen, je nach dem Kontext und meiner Stimmung, zurechtgelegt. Ein etwas ärgerlicher Schmollmund, ein freundliches, leicht spöttisches Lächeln: »Ich wußte, daß das kommen würde«, oder nachsichtig: »Jeder Mensch kann sich irren, und Ihr Versehen ist doch ganz natürlich«, oder auch ein offenes, bezauberndes Lächeln: »Sie werden schon noch sehen, wie sehr Sie *mich* mögen werden«.

Meine Eltern hätten mich Françoise oder Martine nennen können. Hätte das etwas geändert? In meiner Jugendzeit träumte ich eine

Zeitlang davon, Gwendolyn zu heißen. Gwendolyn Weil hätte ein völlig anderes Schicksal gehabt. Sie wäre nicht zum echten oder unechten Schienbein geworden, sie hätte die ganze Welt im Katamaran befahren oder wäre in der Welt des Parfums zu einer Berühmtheit geworden.

Vor etlichen Jahren schrieb ich ein Theaterstück, das mit einigem Erfolg aufgeführt und veröffentlicht worden ist. Im Verlauf eines Mittagessens in Paris, wenige Tage nach einer Neuinszenierung dieses Schauspiels im Théâtre de la Huchette, vernahm ich mit Vergnügen die Komplimente, die mir eine Tischgenossin machte, »ausgezeichnetes Theater, derartig anrührend und interessant, dieses Stück muß unbedingt aufgeführt werden, damit die Leute es sich anschauen …« Hoch zufrieden gehe ich darauf ein, bemerke aber sofort die verblüffte Miene meiner Gesprächspartnerin. Ich frage sie, ob wir denn von meinem Bühnenstück sprechen, worauf sie: »Aber nein! Über *Das gerettete Venedig* von Simone!«

Ich bin gleicherweise an Unterhaltungen gewöhnt, die im Sande verlaufen.

Ein Beispiel. Man ruft mich an: eine Männerstimme, sehr liebenswürdig, sehr warmherzig, die Stimme möchte einen Text meiner Tante veröffentlichen. Wir sprechen über das Theater, ich weiß nicht, wie wir darauf gekommen sind, die Stimme scheint sich aktiv mit Theater zu befassen. In den Hörer lächelnd sage ich bescheiden, aber auch mit einer recht verständlichen Hoffnung, ich würde ihm gern mein Schauspiel zuschicken, das ihn vielleicht interessieren könnte.

Die Stimme, sehr enthusiastisch, nein, was sag ich, gierig: Ooooh? Ein unveröffentlichtes Stück von Simone Weil?

Ich: Nein. Ein veröffentlichtes Stück von Sylvie Weil. Von mir.

Die Stimme: Ah ja …

Mehr als knapp. Ein eisiger Luftzug läßt eine Türe zuschlagen, die uns, mich und die Stimme, ab jetzt voneinander trennt. Die Unterredung geht sehr schnell zu Ende, nachdem ich zugesagt habe, die Genehmigung zum Abdruck einer Seite, eines Absatzes, eines Satzes meiner Tante zu erteilen. Hastiger Dank und »Auf Wiedersehen, Madame«.

Führte das unechte Schienbein einen Blog, so würde es über Abertausende von mitfühlenden Bildschirmen all seine kleinen Kümmernisse als durchscheinendes, unsichtbares Etwas ausgießen. Es würde sein Klagelied ausposaunen, ein vom Knochenschwund ausgezehrtes Schienbein zu sein,

Gewiß würden so manche ihm unverblümt – so will es das Gesetz des Blogs – antworten, es sei durchscheinend, weil es aus sich selbst heraus nicht viel wert sei, es solle sich doch zufrieden geben mit seinem Reliquienstand – sei es nun ein echter oder ein unechter –, der unbestreitbar eine gewisse Bedeutung verleiht, und es solle die Welt nicht mit seinem Geflenne und den lächerlichen Anwandlungen gekränkten Stolzes anöden.

Zweifellos hätten sie Recht.

Obwohl ja …

Tschuh-tschuh

– In meinen jungen Jahren hörte man nachts das Geräusch des Bähnchens von Les Halles. Ein angenehmes Geräusch, nicht laut genug, um einen zu wecken, aber wenn man nicht schlief, war es etwas Angenehmes, Ruhiges. Es klang wie »tschuh-tschuh«.

André verfällt in sein Falsett, um » Tschu-tschuh« zu sagen, ganz so, wie wenn er uns ein Theaterstück von Molière vorliest und die Tonlage wechselt, um die Naive zu spielen.

Andrés Paris hätte ich geliebt. Mir hätte es gefallen, wenn die Nacht von friedlichem, regelmäßigem Zischen getaktet worden wäre. Ich hätte mir gesagt: »Schau, da fährt der Zug von Les Halles vorbei« und wäre wieder eingeschlafen. Ich bin überrascht und gerührt, daß mein Vater mir eine solche Erinnerung anvertraut, daß es ihm Freude macht, sich derartiger Einzelheiten zu entsinnen. Ich stelle ihn mir immer vor, wie er mit Gedankengängen beschäftigt ist, die für mich tausendmal zu kompliziert sind, oder über ferne, mir unzugängliche Herrlichkeiten nachdenkt. Aber heute Abend ist es das Bähnchen aus Les Halles. Und André, hager, energisch, hemdsärmelig, mit im Wind wehendem Haar, mit dem Rücken an die Balustrade des Balkons im siebten Stock der Rue Auguste-Comte gelehnt, vor der Kuppel des Panthéon als Hintergrund. Die braunen Augen hinter den Brillengläsern sehen mich fragend an. Zumindest ist das der Eindruck, den sie recht häufig erwecken, vielleicht, weil er so kurzsichtig ist. Ein Blick, der nicht nur auf etwas gerichtet ist, sondern eindringlich wirkt, zweifellos weil er nicht gut sieht.

Stolz, jedoch angespannt, frage ich mich, was ich meinerseits meinem Vater an Interessantem sagen könnte, während vom Panthéon bis zum Tour Saint Jacques eine langgezogene rosafarbene Wolke ausfranst, wie Zuckerwatte am Stiel, wogegen der Himmel hinter dem Eiffelturm schon dunkel ist. Meine Schwester macht ihre Aufgaben am Tisch des Eßzimmers, das zugleich das Zimmer meiner Eltern ist. Die Gebäude des Boulevards und die Kuppel des Panthéon spiegeln sich im Blumenfenster wider, als wären sie eine Stadt am Mittelmeer, lichterfüllt, weiß und rosa und so wirklich, daß das kleine, über sein Heft gebeugte Mädchen nur eine Spiegelung zu sein scheint und der Tisch, auf den es die Ellbogen stützt, scheinbar auf Dachhöhe in den Lüften schwebt, nahe daran, mit den letzten Sonnenstrahlen zu entschwinden.

Willst du mitkommen?

Wenn mich mein Vater anruft, um mir zu sagen, daß ihn alles anwidert, würde ich ihm allzu gerne eine Abwechslung vorschlagen. Wenn ich wüßte, wo ich ihn erreichen könnte, riefe ich schnellstens zurück und schlüge ihm einen Spaziergang vor, ohne mich dadurch entmutigen zu lassen, daß er beim letzten Mal eher schroff aufgelegt hat. Denn ich bin immer mit ihm gewandert. Wenn ich daran denke, will mir scheinen, daß wir über die ganze Erde gezogen sind. Wir sind von einem Erdteil zum anderen über die Weltmeere gesprungen, wir haben unserem Planeten weit ausholende Arabesken eingezeichnet, die Wegstrecken seines Exils, das zu meinem Exil wurde.

Anfangs lief er sehr rasch, und es fiel mir schwer, ihm zu folgen. Anfangs war er so groß! Zuletzt war er selbstverständlich viel kleiner, und wir liefen langsam.

Trotzdem habe ich mir so manchen Spaziergang entgehen lassen, was ich jetzt immer wieder bedauere. In meiner Jugendzeit hat es Jahre gegeben, in denen ein Gang mit meinem Vater einem intellektuelles Pensum gleichkam, das mir an manchen Tagen über meine Kräfte zu gehen schien. Gegen das ich mich zumindest auflehnte.

Jetzt möchte ich ihn zurückrufen, um ihm einen der Spaziergänge vorzuschlagen, die ich damals abgelehnt habe. Zum Beispiel an einem Sonntagmorgen, einem frühlingshaften Sonntagmorgen, an dem er mich ruft – er ist schon dabei, sich die Jacke überzuziehen – und sagt: Seit langem bin ich nicht mehr den Seine-Quais entlang gelaufen.

Magst du mit mir kommen? Wir könnten bis zum Louvre gehen, es gibt da Tizians, die ich mir gerne wieder ansehen würde.

Sein »Magst du mit mir kommen?« hallt noch immer in meinen Ohren nach und erfüllt mich mit Heimweh, jetzt, da ich nicht mehr das 14- oder 15jährige Mädchen bin, das in dem Augenblick, als es sich eiligst bereitmacht und ruft »Ja, warte auf mich!«, plötzlich von Angst gepackt wird: Worüber kann ich wohl mit ihm sprechen? Womit kann ich ihn wohl unterhalten? Von mir zu reden, kommt nicht in Frage, ich bin kein Gesprächsthema, es kommt nicht in Frage, über meine Klassenkameradinnen zu reden, oder über die Spiele mit meinen Vettern in den Wäldern von Châtenay-Malabry. Ich muß etwas Seltenes, etwas Außergewöhnliches finden, das ich ihm erzählen kann. Ich muß ihm meine Intelligenz beweisen. Was wäre, wenn er sich mit mir langweilte?

An solchen Tagen überkam mich Feigheit. Eine unüberwindliche Trägheit machte mir das Reden schwer, ich murmelte: »Nein, ein andermal, ich muß noch eine Hausaufgabe fertigmachen.« – »Na gut!« Er ging alleine weg. Ich blieb wie angeschraubt auf meinem Stuhl sitzen. Ich wußte, daß meine Mutter sogleich zu mir kommen, meine Verzweiflung noch ein wenig schüren und mir sagen würde: »Du hättest André von dem Roman, den du gerade liest, erzählen können, es wäre dir sicherlich gelungen, ihn dafür zu interessieren.« Genau die Worte, über denen ich, seit sich die Tür hinter meinem Vater geschlossen hatte, gebrütet hatte. Erneut murmelte ich etwas von einer Übersetzung ins Griechische, von Hausaufgaben in Physik. Sie entfernte sich, schoß aber vorher noch ihren letzten Pfeil ab, den Partherpfeil: »Er war sehr enttäuscht.«

Während ich mir noch eine Menge dringender Aufgaben zurechtlegte, schwor ich mir, beim Mittagessen mit ihm zu reden, den durch meine Faulheit aufgerissenen Graben zuzuschütten, die durch meine Feigheit abgebrochene Verbindung wieder aufzunehmen, und dies dank meiner Beredsamkeit. Eine Anekdote, die ich so gut wiederzugeben verstand, mit treffenden, pittoresken, leicht ironischen Anmerkungen, mit all dem, was er mag; ich werde ihn zum Lachen bringen, jawohl, denn er lacht gerne und ist nie schöner als dann, wenn er den Kopf zurückwirft und in volltönendes Gelächter ausbricht. Er mag es, wenn man amüsant ist. Ich werde amüsant für ihn sein.

Und heute, just heute, würde ich ihn anrufen und ihm sagen: »Hör mal, ich habe im Jardin du Luxembourg etwas gesehen, was dir gefallen würde: Die anmutige Laure de Noves ist unter Laub begraben, man hat eine Waldkreatur aus ihr gemacht, von der nur noch der Kopf aus einer Pyramide welken Laubes herausragt, das ist sehr hübsch.

Er käme zu mir und wir gingen in den Jardin du Luxembourg. Schnellen Schrittes, den Kopf etwas vorgereckt, mit der Brille auf der Nase würden sich unsere Profile ziemlich gleichen.

Es wäre windig. Große, regenschwere Herbstwolken würden an dem weiten, flachen Himmel vom Eiffelturm bis zum Panthéon dahinziehen, um dann in die Ferne, in die Champagne und ins Elsaß unserer Ahnen, zu segeln. André würde mir einmal mehr die Geschichte *Der Wolkenbote* des indischen Dichters Kalidasa erzählen, die Geschichte von der Wolke, die der Liebsten eines jungen Mannes, von der er grausam getrennt worden ist, Kunde von ihm bringen soll. Diese Wolke, die »schön wie ein von einem Schwarm Störche begleiteter Elefant ist«, die ich weiterhin an sehr windigen Tagen am Himmel suche und dort manchmal sogar finde.

Wir würden andere Spaziergänge und andere Reisen aus der Erinnerung hervorholen. Er würde mich fragen: »Erinnerst du dich noch gerne an unsere Reise quer durch Amerika? Ich glaube, du warst damals zwölf?« Ja, würde ich sagen und dann loslachen.

Manch eine Erinnerung ist so wunderbar und so seltsam, daß man sich fragt, ob man sie nicht geträumt hat. Auf der Suche nach einem *Quarter*, einer 25-Cent-Münze, läuft André, der große berühmte Mathematiker, der arrogante und Furcht und Schrecken einjagende André Weil mit einem über seinen Schlafanzug geworfenen Regenmantel im Nieselregen über den Hof eines ziemlich schäbigen Motels irgendwo im amerikanischen Westen – das ist eine solche Erinnerung.

Aus welchem Grund hat mein Vater im Schlafanzug verzweifelt an die Türen dieses Motels geklopft, um dringend um eine Münze zu bitten? Was war ihm denn da zugestoßen?

Nun, in dem scheußlichen Zimmer mit den zwei durchgelegenen, quietschenden Betten, die durch einen schmierigen Vorhang voneinander getrennt waren, schauten sich seine Frau und seine beiden Töchter einen Film im Fernsehen an. Der Apparat lief jedoch nur, wenn man immer wieder *Quarters* hineinsteckte. Andrés Bettelgang war fehlgeschlagen, keine Tür hatte sich ihm aufgetan, und wir haben niemals etwas über das weitere Geschick des schönen jungen Mädchens erfahren, das nicht gewagt hatte, seinem Verlobten einzugestehen, daß es taub wurde und sehr bald nicht mehr die Stimme seines Liebsten vernehmen würde ohne ein sperriges und wenig sexy wirkendes Hörrohr zu Hilfe zu nehmen.

Ich wiederum würde ihn fragen: »Erinnerst du dich an den Pförtner des Gebäudes in Chicago, der dir Erfolg im Leben voraussagte, weil er gesehen hatte, daß du jeden Abend bis nach Mitternacht an deiner Schreibmaschine am Schreibtisch in der Nähe des Fensters saßt und tipptest?«

Er würde mir, das weiß ich, mit der Gegenfrage antworten: »Hab ich denn den Eindruck gemacht, viel zu arbeiten?«

Er war auf gewisse, kokette Weise stets darauf bedacht, den genau umgekehrten Eindruck zu erwecken, weil er nur wenig Achtung vor Strebern und denen, die beim Übersetzen in eine Fremdsprache glänzten, hatte.

– Du hast nicht die ganze Zeit über gearbeitet. Du bist ins Museum und ins Konzert gegangen, du hast uns zum Schlittenfahren mitgenommen und uns auf dem zugefrorenen Weiher in der Nähe der Universität das Schlittschuhlaufen beigebracht.

Wenn er die erste Einladung annimmt, dann habe ich eine ganze Menge Vorschläge für Spaziergänge auf Lager. Man bräuchte sie nur etwas auseinanderzufalten und den Staub von ihnen abzuschütteln. Spaziergänge in Paris, in Japan und schließlich in Princeton in der weiteren Umgebung des Instituts, an das er 1958 berufen wurde und an dem er bis zu seinem Lebensende geblieben ist. Die letzten Spaziergänge zählen vielleicht nicht zu den erfreulichsten, aber sie gehören zum Lagerbestand, und es gibt keinerlei Grund, sie gering zu achten oder dem Vergessen anheimzugeben. Weitaus erfreulicher sind da schon die Spaziergänge in Brasilien, ganz am Anfang, oder die winterlichen Wanderungen durch Chicago. Die Gänge in Chicago spielen sich immer vor einer winterlichen Kulisse ab. Warum, läßt sich nicht sagen, aber so ist es nun einmal.

Am Sonntagmorgen wandern wir bis zur Sendestation des Radios. Der Sendemast in São Paulo steht am Ende der Welt. Er ragt einsam auf einem Hügel empor, es ist eine Stahlkonstruktion, ziemlich simpel und leicht verrostet, durch die der Wind pfeift.

In großen Sprüngen kommen wir in dem hohen Gras vorwärts. Er ist groß. Ich dagegen bin klein, ich muß vier Jahre alt gewesen sein. Ich laufe und hüpfe neben ihm her und ziehe meine Beine hoch, die in Stiefeln stecken, der Schlangen wegen. Wir sind allein unter dem grenzenlosen Himmel, um mich herum sehe ich nur von Windböen niedergedrücktes Gras und, wenn ich den Kopf hebe, sehr rasch dahinziehende Wolken. Sobald wir am höchsten Punkt angekommen sind, schauen wir mit großem Spaß auf die kleinen, weit unter uns liegenden Häuschen. Dann machen wir uns auf den Heimweg.

Doch da streckt André plötzlich in komischer, bühnenreifer Verzweiflung beide Arme gen Himmel und ruft aus:

– Oh je, so ein Pech! Wir sind verloren, wir sind verloren, ich kann mich nicht mehr an den Nachhauseweg erinnern!

Ich lache laut los, mich durchschauert es vor Vergnügen. Wenn das nun wahr wäre? Jedenfalls ist nichts zu befürchten, ich bin bei meinem Vater, der ist groß, strahlend schön, trägt ein Hemd mit offenem Kragen und windzerzaustes Haar! Verloren! Da sind nur der ungeheuer weite Himmel, die dicken, immer schwärzer werdenden Wolken, das Gras, durch das der Wind pfeift. Und wir.

Doch dann Donnergrollen. Zuerst von ferne. Dann etwas näher. Ich weiß schon im voraus, was André sagen wird. Vielleicht spreche ich es sogar noch vor ihm aus:

– Das ist Zeus. Er ist mißgestimmt. Hera muß ihn wieder einmal hereingelegt haben.

Ich weiß natürlich, daß Hera die Frau von Zeus ist und daß sie ihre Zeit damit verbringt, ihm üble Streiche zu spielen.

– Gib mir die Hand! befiehlt mein Vater.

Wir laufen so schnell, daß uns der Atem ausgeht. Mit zurückgeworfenem Kopf lasse ich mich mitziehen, schnell, noch schneller, den Boden berühre ich kaum, die hohen Gräser kitzeln mich an Armen und Oberschenkeln, der Sturm pfeift durch mein Haar. Ich werde noch davonfliegen.

Ein Blitz durchzuckt den dunkel gewordenen Himmel. Dann noch einer. Der Donner hallt wider.

– Hörst du's? Zeus verliert die Nerven!

Wir rennen den Hang hinunter, wir sind nicht mehr verloren, wir werden den Nachhauseweg finden, die von Bäumen gesäumte Straße, das Gatter zum Garten, die Casinha, den Mimosenbaum. Noch einige Schritte, platsch, schon zerspritzen Tropfen auf meiner Nase.

Das Tor aufreißen, den Garten durchqueren, dabei schnell feststellen, daß ganze Geschwader von dicken, grünlichen, schleimigen Raupen sich gemächlich am Stamm des Mimosenbaums hochwinden, eine Kapuzinerblüte abpflücken, unter das Vordach des Hauseingangs springen. In Sicherheit sein.

Soll Zeus doch seine Blitze schleudern, uns kann er nichts anhaben.

Breite, lange Straßen, in denen sich ein so heftiger Wind verfängt, daß er uns den Atem nimmt, ein Wind, der so kalt ist, daß die Tränen, die er einem entreißt, sofort auf den Wangen zu Eis werden. Stehenbleiben kommt nicht in Frage, nicht einmal langsamer gehen. Man liefe Gefahr, in eine Eisstatue verwandelt zu werden. Die Autos sind unter dem Schnee begraben, dicke weiße Blasen entlang der Bürgersteige. Chicago.

Wegen der schweren Stiefel kommt man langsamer voran, und doch muß ich rennen, rennen, um neben meinem Vater zu bleiben, dessen Beine um so vieles länger sind als meine und der außergewöhnlich schnell vorwärts eilt in seinem großen dunklen Mantel, mit gesenktem Kopf, mit gegen den Wind eingezogenen Schultern. Seine Schritte lassen den dünnen Eisfilm auf der Oberfläche des Schnees knacken. Er trägt eine seltsame Kopfbedeckung in metallischem Grau und mit Ohrenklappen, die sich nach unten schlagen lassen, auf die er recht stolz ist. Er gleicht einem Piloten aus den heroischen Zeiten der Fliegerei. Es hängt ihm ein Tropfen an der Nase, genauer gesagt ein kleiner Eisstalaktit an jedem Nasenloch, er warnt mich:

– Paß auf, decke deine Ohren gut ab, denn wenn sie erfrieren, fallen sie zu Boden. Wenn du ein leises trockenes Geräusch hörst, klickklick, irgend etwas, was auf das Glatteis fällt, dann guck genau hin, das könnte eines deiner Ohren sein. Dann mußt du es ganz schnell aufheben, damit man es dir wieder ankleben kann. Allerdings könnte man dir immer auch ein falsches ankleben.

Ich lege meine in dicke Fäustlinge eingeschlossenen Hände flach über meiner Wollmütze auf die Ohren, aber da könnte meine Nase Gefahr laufen, abzufallen. Werde ich sie fallen hören? Werde ich ihn finden, diesen armen kleinen, rötlichen Eiszapfen, der sich im Schnee verloren hat? Ich bin mir da nicht so sicher und verstecke das Gesicht in meinem Schal.

Wir laufen bis zum Museum, wo wir den schwarzen, mageren Mumien einen Besuch abstatten, die in ihren bunten Sarkophagen schlafen, zur Hälfte sind sie ihrer Hülle entkleidet und die Binden abgewickelt.

Ein anderes Mal gehen wir bis zur Universität, um die Fotografien von Gestirnen und den Mond- und Sonnenfinsternissen zu betrachten. Mein Vater nimmt vier Stufen des Treppenaufgangs auf einmal. Warm in ihre Parkas eingemummte Studenten und jüngere Kollegen grüßen ihn bewundernd: »Hallo, Professor!« Sie lächeln mir zu.

Einige von ihnen kenne ich, denn sie kommen manchmal zu uns nach Hause. Dann mache ich ihnen die Tür auf, und mich fragen sie dann auch, obwohl ich nicht älter als acht oder neun bin, ob es mir nichts ausmachen würde, in das Arbeitszimmer des »Professors« zu gehen, um ihm beispielsweise meine Rechenaufgaben zu zeigen. Ich bin das Thermometer für die Stimmung des Herrn und Meisters. Sie dagegen bleiben im Hausflur, von dem das Arbeitszimmer meines Vaters abgeht. Sobald von dort schrille Stimmen zu hören sind, machen sie sich auf und davon. Ich treffe sie nicht mehr an. Wenn alles gut läuft, wenn ich mich nicht als Dummkopf behandeln lasse, folgen sie mir in die Höhle des Genies. Ich bin stolz auf meine Kundschafterrolle.

Meine halb erfrorenen Zehen tun mir furchtbar weh, und dennoch muß ich rennen, rennen, um nicht hinter André zurückzubleiben, bei dem ich mir nicht eine Sekunde vorstelle, daß auch er taube Füße und schmerzende Zehen haben könnte. Mein Vater ist unbesiegbar.

Ein Genie mit zwei Häuptern

Das Genie hatte zwei Häupter. Mein Vater hatte einen Doppelgänger, einen weiblichen Doppelgänger, eine tote Doppelgängerin, er hatte ein Gespenst zur Doppelgängerin. Denn war meine Tante eine Heilige, doch, ja, so war sie außerdem ein Double meines Vaters, dem sie wie ein weiblicher Zwilling glich. Ein allgegenwärtiges Double, wie es nur ein Phantom sein kann, das sonst nichts mehr zu treiben hat; das nicht mehr politisch aktiv und nicht mehr im Lehramt tätig ist, nicht mehr in den Krieg nach Spanien zieht, keine erstaunlichen Begegnungen mit Christus mehr hat und dennoch all dies die ganze Zeit über tut, unablässig und viel besser als die Lebenden.

Für mich ein schreckenerregendes Double, da ich ihm so ähnlich sah. Ich glich der Doppelgängerin meines Vaters.

Diese Doppelgängerin sprach zu mir mit der Stimme meines Vaters. André ahmte Simone zuweilen nach. Er brauchte sich dazu nicht anzustrengen, denn jenes kaum angedeutete schiefe Lächeln, das ich auf den Fotos bei Simone sah, stellte sich auch bei ihm ganz natürlich ein. Ein zugleich ironisches und stolzes Lächeln, wie zum Beispiel das auf den Aufnahmen in Spanien, auf denen sie in ihrem Monteuranzug mit den Initialen CNT (*Confederación Nacional del Trabajo*) auf der Brusttasche dasteht. Auch André war die etwas langsame, ein wenig monotone, doch eindringliche Sprechweise zu eigen, an die Menschen, die Simone gekannt hatten, so oft erinnert haben.

– Weißt du, was meine Schwester zu dir gesagt hätte? fragte er. Um sofort daran anzuschließen:

Simone Weil in Spanien nach ihrer Rückkehr von der Front 1936

– Sie hätte zu dir gesagt …

Stolz hob er den Kopf. Seine Augen funkelten hinter den Brillengläsern. So hätten die Augen seiner Schwester geglänzt und wären dann ebenso maliziös aufgeblitzt.

– »In Spanien habe ich mehr als einen wegen geringerer Vergehen erschießen lassen!« Genau das hätte sie zu dir gesagt.

– Aber sie hat doch nie jemanden erschossen!

– Nein.

Trotzdem, ich war beeindruckt. Simone hätte jemanden erschießen lassen können!

André zitierte seine Schwester gerne. Er begann mit: »Meine Schwester pflegte zu sagen …«

Fast immer war es etwas Ironisches:

– Sie sagte zum Beispiel: »In deinem nächsten Leben wirst *du* eine Fliege sein.«

Alles, was sie gesagt hatte, erschien wichtig.

André beschrieb seine Schwester nicht wie eine Frau. Er sagte »meine Schwester« in dem gleichen Ton, in dem er »mein Bruder« gesagt hätte. Dieser Ton ist schwer genau zu beschreiben. Er sprach über sie nicht so, wie über eine Frau gesprochen wird. Außerdem kannten wir die Briefe Simones an ihre Mutter, die sie mit »Dein Sohn Simon« unterschrieben hatte.

Und an diesen Sohn Simon, an diesen Zwilling meines Vaters, durfte nicht gerührt werden. Eines Tages, als ich bestimmte Seiten in den Heften meiner Tante gelesen hatte, sagte ich zu André, daß sie mir Zeiten einer tiefen Traurigkeit durchgemacht zu haben schien. Die Antwort war von schneidender Schärfe:

– Was erzählst du denn da? Sie ist immer sehr fröhlich gewesen!

Einmal, ein einziges Mal – ich war ungefähr 15 – lehnte ich mich dagegen auf. Wir saßen zu Tisch im siebten Stock der Rue Auguste-Comte. Ich weiß nicht mehr, worüber wir sprachen. Sicherlich hatte ich, gestützt auf meine soeben von Voltaire übernommenen Überzeugungen, in kategorischem Ton erklärt, ich verstünde nicht, daß Simone soviel Energie für Kindereien aufgewandt habe. Zweifellos wird mich

Andrés Antwort – wohl, daß ich irgend etwas daherredete, während Simone … – geärgert haben. Jedenfalls schrie ich meinen Vater an:

– Deine Schwester war verrückt! Sie hatte Visionen!

Und erschrak sogleich über meine eigenen Worte. Doch André war schon vom Tisch aufgestanden, ohne ein Wort zu sagen.

Meine Mutter hat mir oft gesagt, für mich sei es ein Glück, daß Simone tot war.

Ich glaubte es ihr.

Die Biographen meiner Tante berichten von etlichen Anlässen, zu denen Simone im Beisein von Freunden geweint hat. Für mich war das eine große Überraschung. Sie, die uns mein Vater immer als stark und mokant darstellte, weinte? Das Double meines Vaters, diese Doppelgängerin mit den ausgeprägten Macho-Zügen, weinte? Das war für mich nicht vorstellbar. Für mich hatte sie eigentlich nichts Mädchenhaftes an sich.

Falls das berühmte »Ich bin eine vorwärts strebende Kraft!« seit *Hernani* nochmals für jemanden gegolten haben sollte, dann, will mir scheinen, für André und Simone. Allen beiden war das Bewußtsein ihrer Sendung auf Erden mitgegeben worden. Für den einen war diese die Mathematik und eine ungeheure Lust am Leben, für die andere ein weit vielschichtigeres Programm, das sie einem von ihr selber angestrebten Tod zugeführt hat. Beide brachen sich immer Bahn, ohne auf ihre Umgebung die geringste Rücksicht zu nehmen. Die Menschen in ihrer Umgebung, zuallererst die Familie, hatten sich darauf einstellen müssen.

Im Alltag äußerte sich dieses Sendungsbewußtsein und der Sinn für das, was die Welt ihnen schuldig war oder nicht schuldete, in beträchtlicher Arroganz. Es gibt im Hebräischen ein Wort, mit dem diese Art Unverfrorenheit bezeichnet wird: nämlich *Chuzpe.* Simone und André waren die zwei Seiten derselben Medaille: der gleichen, eben der Weilschen *Chuzpe.*

– Zu nichts! Das ist zu nichts nutze! ließ sich mein Vater stolz und anmaßend vernehmen, wenn ein leichtsinniger Mensch, der meistens dem weiblichen Geschlecht angehörte, ihn fragte, wozu seine Arbeit denn nutze sei.

Bourbaki-Kongreß: Simone Weil links, André Weil im Hintergrund, die Glocke schwenkend

Trotzdem sollte er eines Tages einem Freund gegenüber einräumen, er nehme an, daß seine Schwester ihm weit überlegen gewesen war. »Ich war ja nur Mathematiker!«

Diese Zwecklosigkeit der Mathematik wird auch von Simone erwogen, wenn sie, vielleicht mit einem leisen Anflug von Geringschätzung für die Mathematiker, schreibt: *Der Mathematiker lebt in einer eigenen Welt, deren Gegenstände Zeichen sind. Die Beziehung von Zeichen und Bezeichnetem geht verloren. Das Spiel des Austausches von Zeichen untereinander entwickelt sich eigenständig und um seiner selbst willen.*

Was Simone nicht davon abhielt, ihren Bruder irrsinnig zu bewundern und ihn sogar wie jemanden, der Zugang zur Wahrheit in einer reinen Formen hat, zu beneiden. Sie gab sich große Mühe, zu gewissen mathematischen Erkenntnissen zu gelangen, indem sie eine Unmenge von Seiten ihrer Hefte mit mathematischen Operationen und Figuren füllte und zusammen mit André am Bourbaki-Kongreß teilnahm: Ein Foto zeigt die gesamte Gruppe im Anwesen der Chevalleys auf Gartenstühlen sitzend. Alle sind sie jung, alle lachen, André schwenkt eine große Glocke über ihren Köpfen hin und her. Einzig Simone beugt sich fleißig über ihre Notizen.

In ihrer Versessenheit auf Demut war Simone der Ansicht, die Welt schulde ihr nichts, vielmehr, sie schulde ihr Entbehrungen und Ungemach. So lehnte sie es systematisch ab, daß ihr ein Zimmer mit Bett zu Verfügung gestellt wurde, und verlangte, wo immer sie war, daß man sie auf dem nackten Boden, zuweilen im Eßzimmer oder in der Küche, schlafen ließe. Ihre unglückseligen Gastgeber kamen sich gegenüber diesem dürren Mädchen, das wie ein Hund auf dem Boden schlief, zugleich machtlos und schuldbeladen vor und machten sich selbstverständlich daran, ihr unauffällig einige Decken unter den Schlafsack zu schieben. Ihre Küche oder der Eßraum waren rasch mit Simones Büchern, Papieren und ihren Zigaretten übersät.

Dabei wäre es von Seiten Simones doch weit menschenfreundlicher gewesen, ohne viel Aufhebens das für sie vorbereitete Zimmer zu beziehen! Ich dachte oft, daß meine Tante einen irren Charme gehabt haben muß, wenn ihre Freunde in dieser Weise auf ihre verschrobensten und lästigsten Wünsche eingegangen sind. Manch einer hat von einem Einfluß gesprochen, dem man sich nicht entziehen konnte. Diese Worte waren zur Beschreibung meines Vaters verwandt worden. Simone und André setzten sich durch. Sie machten Eindruck.

André stellte Forderungen, die denjenigen seiner Schwester diametral entgegengesetzt waren. Wodurch es den Gastgebern praktisch auch nicht leichter gemacht wurde! Kam André zu Freunden in deren Landhaus oder in eine ihm fremde Stadt, meinte er, der keinerlei Bescheidenheit kannte, daß ihm das bequemste Zimmer, vor allem das mit der schönsten Aussicht zustehe. Er verhehlte seinen Unmut nicht, wenn das einzige freie Zimmer ein mieser, nach dem Hinterhof oder einem Parkplatz zu gelegener Raum war.

Ich habe miterlebt, wie André in Museen verlangte, daß man eigens für ihn Säle öffnete, die dem Publikum nicht zugänglich waren, und damit Erfolg hatte. Ich habe gesehen, wie er, etwas weniger glorreich, alten Damen fast auf die Füße trat, um sich einen Saallogenplatz im Theater zu erstürmen.

Ich erinnere mich an einen Sommer in Jugoslawien, ich war damals 14. Wir machten eine Schiffsreise mit mehreren Zwischenlandungen entlang der Küste. In jedem Hafen fanden nur diejenigen Sitzplätze an Deck, die zuerst an Bord gingen. Mein Vater hatte sich eine höchst wirksame Technik ausgedacht, die er »den Angriff der Hopliten« nannte. Sie bestand darin, unsere Koffer energisch und rücksichtslos hin- und her zu schwenken, um uns einen Weg durch die Menge zu bahnen!

In meiner Jugendzeit war es selbstverständlich nie in Frage gekommen, mir das Verhalten meiner verstorbenen Tante als »mustergültiges« und zwangsläufig ihrem Mythos entsprechendes Modell zum Nacheifern vorzugeben, wie es in Familien oft geschieht. Denn mein Schabernack auf dem Gymnasium und die üblichen kleinen Störungen des Unterrichts, die ich zuweilen anzettelte, waren nichts als schaler Abklatsch im Vergleich zu den Streichen der »Trollin«, die Mutter und Bruder stets mit Bewunderung erfüllt hatten. (Wie mein Großvater dazu stand, weiß ich nicht, er hat sich schriftlich recht wenig darüber geäußert.)

Ich konnte also stolz von meinen Zusammenstößen mit dem weiblichen Aufsichtspersonal und den Lehrern berichten. Die schlechtesten Noten in Betragen, nämlich Null, die in manchen Jahren auf mich herniederregneten, haben mir nie den geringsten Vorwurf eingebracht. Mein Vater fand es ganz natürlich, daß ich unverschämt war und gerne spöttelte. Da hatte der Lehrer, der meinen Respekt nicht erringen konnte, eben Pech gehabt. Das war Weilsche *Chuzpe*, da war ich erblich belastet. Er warnte mich allerdings:

– Paß auf, Mädchen, wenn du zu weit gehst, werden dir diese Weiber das Leben zur Hölle machen! Risiken muß man immer abschätzen.

Es hatte sein Gutes, dieser so starken und dennoch, den Worten Andrés zufolge, von einer allgegenwärtigen, allzu behütenden Mutter gefangengehaltenen Schwester zu gleichen. In einem Sommer, als ich mit meinen Eltern in der Bretagne weilte, war geplant, daß ich anschließend zu Besuch zu einer Tante und meinen Vettern ins Département Creuze fahren sollte. Dazu mußte ich dreimal umsteigen. Vierzehn Tage vorher hatte André an jeden der drei Bahnhofsvorsteher geschrieben, daß seine 13jährige Tochter allein reise, und gebeten, man möge sich um mich kümmern. Alle drei Vorsteher hatten geantwortet, daß sie mich persönlich in Empfang nehmen würden. Sie warteten tatsächlich auf mich. Ich aber sprang in jedem Bahnhof, sobald der Zug hielt, auf den Bahnsteig, hütete mich tunlichst davor, sie auf mich aufmerksam zu machen, und rannte ganz allein zu meinem Anschlußzug. Als ich wieder in Paris zurück war und es André erzählte, schien er höchst zufrieden zu sein.

– Ich habe meine väterliche Pflicht erfüllt. Du hast deine Kindespflicht erfüllt.

Keiner hätte André oder Simone je der Heuchelei bezichtigen, ja, ihnen nicht einmal vorwerfen können, übermäßig höflich zu sein. Beiden ging die Kunst der liebenswürdigen Äußerungen, der kleinen Komplimente, die den Umgang miteinander so erleichtern, völlig ab.

Simone und André 1911

Simone und André 1918 oder 1919

Simone und André 1922 in Knokke-Het-Zoute

Alle beide waren unfähig, Gefühle vorzutäuschen. Simone, der ein alter Bauer, der Vater einer ihrer Freunde, voller Stolz ein recht hochtrabendes Gedicht vortrug, sagte ihm ohne Zögern, es sei blödsinnig. Für sie verpflichtete Freundschaft zu dieser Art von Aufrichtigkeit. (Vielleicht hatte sie diesen Zug von ihrer Großmutter Hermine Reinherz geerbt, an die Selma als junges Mädchen geschrieben hatte: *Komische Vorstellung, trotz allem, daß man an Vorwürfen Vergnügen finden und vor Komplimenten wie vor der Pest fliehen soll, wie es Dein Ideal ist.*)

Bei André war diese Aufrichtigkeit nicht Bestandteil eines Systems, aber das Ergebnis war das gleiche.

Eines Abends, als meine Eltern in einem Konzert sind, wird es plötzlich in der Loge in ihrer Nähe etwas unruhig. Das Orchester hört auf, zu spielen, Sanitäter kommen herein, heben einen Mann auf, der auf seinem Platz zusammengebrochen ist, legen ihn auf die Tragbahre und tragen ihn fort. Eine Frau folgt der Krankentrage. Das Konzert geht weiter. Einige Leute flüstern. André faucht wütend »Ruhe!« zu ihnen hinüber. Eine Dame dreht sich empört um: »Haben Sie es denn nicht gesehen? Der Herr war tot!« Andrés Entgegnung: »Na und? Es gibt weitaus Schlimmeres, als bei Musik von Mozart zu sterben. »

Diese nach Maßgabe der üblichen Höflichkeit unerträglich gefühlskalten Worte spiegelten in Wirklichkeit einen tiefen Wunsch Andrés wider: nämlich eben den beim Hören Mozartscher Musik zu sterben. Mir gegenüber hat er diesen Wunsch oft ausgesprochen, der sich letztlich nicht erfüllen ließ, was mich noch immer sehr traurig stimmt.

Tröstlich für mich ist indessen die Stimme Andrés, die mir wiederholt, was er mir mindestens hundertmal gesagt hat, sogar damals schon, als ich noch klein war und ihm eines meiner kindlichen Kümmernisse anvertraute:

– Mein armes Mädchen, laß dir das als Lehre dienen: Hast du denn noch nicht begriffen, daß es auf dieser Welt gar keine Gerechtigkeit gibt?

Familienportrait

In meinen Unterlagen habe ich ein Familienportrait wiedergefunden. Darauf sind vier Personen dargestellt. Eveline, Selma, Simone und Bernard. Meine Mutter, meine Großmutter, meine Tante und mein Großvater. Es ist ein etwas sonderbares Portrait. Darauf sind keine Gesichter, kein Lächeln, kein »Sieh dir mal die Kleidung an, die man damals trug«. Auch kein »Trotz allem, wie ähnlich sich diese beiden sehen!« Nichts dergleichen. Es ist ein *schriftliches* Familienfoto. Ein kleines Blatt Papier, auf dem vier Sätze, vier Handschriften stehen.

Gewöhnlich erscheint auf einem Foto die Person nicht, die es aufnimmt. Hier nun nimmt niemand irgend etwas auf, aber jemand erhält etwas. Die Person, die nicht erscheint, ist André. André ist derjenige, der das Blatt erhalten wird. Zwischen dem Augenblick, in dem das »Foto« »aufgenommen wurde« und dem, in dem André es bekommt, ist jedoch noch eine fünfte Person zur Familiengruppe gestoßen: eine mit dunkelblauem Buntstift grob hingeschmierte Zickzacklinie. Daher glaube ich, daß es auf Anfang Februar 1940 zu datieren ist, als mein Vater im Gefängnis von Le Havre einsaß. (Da er dem Stellungsbefehl im September 1939 nicht Folge geleistet hatte, war er in Helsinki festgenommen, unter Anklage, ein russischer Spion zu sein, gestellt und zum Tod durch Erschießen verurteilt worden. Erschossen wurde er nicht, sondern nach Schweden, dann später nach Dänemark, daraufhin nach England überstellt und schließlich Ende Januar 1940 nach Frankreich zurückgebracht. Er hat seine

Abenteuer in seiner Autobiographie *Lehr- und Wanderjahre eines Mathematikers* niedergeschrieben.)

Die Zickzacklinie, die ohne das geringste Feingefühl wie ein Schmiß den Satz, der meine Mutter darstellt, durchfährt, ist die Paraphe des Oberaufsehers oder des Direktors des Gefängnisses von Le Havre. Sie unterscheidet sich von den Paraphe, die die Briefe zieren, die mein Vater erhielt, sobald er in das Untersuchungsgefängnis von Rouen verlegt worden war.

Wo aber posiert Familie Weil für dieses hübsche Portrait, das sich jetzt in meinen Händen befindet? Welche Landschaft dient ihr an einem kalten Tag in jenem ersten Kriegswinter als Hintergrund?

Zuerst habe ich sie mir am Küchentisch in der Rue Auguste-Comte vorgestellt, wo Mime ihnen zur Stärkung etwas Warmes vorsetzt. Bei weiterem Nachdenken glaube ich jedoch, mich geirrt zu haben. In der Küche der »Rue A. C.«, wie wir sie immer genannt haben, hätten die vier Personen auf meinem Familienportrait Zeit und Muße gehabt, ihrem teuren Häftling lange Briefe zu schreiben. Dieser Gruß hier ist hastig und in Bedrängnis abgefaßt.

Am Tage nach seiner Ankunft im Zivilgefängnis von Le Havre schickte André an seinen Rechtsanwalt und seine Eltern einen Brief, in dem er, zwar durch die Blume, doch für jeden unmißverständlich darauf hinweist, daß er einen Freitod in Betracht zieht, falls man ihm nicht die Mittel und Möglichkeiten zum Arbeiten gibt. Die Familie ist in hellster Aufregung. Ein Freund, Dr. Louis Bercher, erhält – zweifellos als Arzt – die Genehmigung, André zu besuchen. Er schreibt den Eltern Weil, um sie zu beruhigen. Der so besorgniserregende Brief bezweckte, die Gefängnisverwaltung, die selbstverständlich den gesamten Briefwechsel genauestens prüft, aufzurütteln und für André die Genehmigung zu erwirken, sich Bücher, Papier und Tinte kommen zu lassen.

Unverzüglich eilt Familie Weil, das Quartett in neuer Besetzung, weil Eveline an Andrés Stelle getreten ist, nach Le Havre, denn sie denkt sich, André habe das Recht, Besuche zu empfangen, da ja Dr. Bercher zu ihm gelassen wurde. Sie stehen vor verschlossenen Türen. Keine Genehmigung, kein Besuch.

Zurück zu meinem Familienportrait. Höchstwahrscheinlich gehen die vier Weils ein *Café*, das sich vielleicht genau dem Gefängnis gegenüber befindet, um sich aufzuwärmen, bis es Zeit zur Heimreise wird. Sicherlich sagt es dann eine der drei Frauen: »Einen Gruß werden wir ihm trotzdem schicken, sie werden sich nicht weigern, einen Gruß an ihn durchzulassen.«

Bernard ist selbstverständlich einverstanden, einen kurzen Gruß zu schreiben, aber er will korrekt dabei vorgehen.

Ich nehme an, daß trotz Selmas üblicher Initiativfreude diese Idee nicht von ihr stammte. Ich kann mir eher vorstellen, daß sie an jenem Nachmittag ihrer Empörung, daß man sie alle abgewiesen hat, heftig und lautstark Luft gemacht hat. Bleiben also Eveline und Simone. Sie meinen übereinstimmend, daß die Sache machbar sei. Eveline ist von Natur aus optimistisch und Simone stets bereit, die unmöglichsten Dinge auszuhecken und ins Werk zu setzen.

Vielleicht hat aber gerade Selma eine so großartige, so erschütternde »Szene« hingelegt und in so theatralischer Art lamentiert (für diese Art von Gefühlsbekundung hat sie ein einzigartiges Talent, ich habe sie hierbei mehr als einmal erlebt), daß der Vollzugsbeamte an der Pforte ihr gesagt hat: »Also gut, schreiben Sie ihm, ich übernehme es, Ihren Brief zuzustellen, aber beeilen Sie sich, denn in einer halben Stunde werde ich abgelöst, und mit dem anderen ist da nicht zu spaßen.«

Simone hat stets Papier oder ein Notizbuch in ihrer Jackentasche. Doch dieses Papier ist weder eine aus einem Notizbuch herausgerissene Seite noch ein Blatt Papier aus Simones Tasche, denn das wäre verknüllt und hätte Tinten- und Tabakflecke. Mein »Foto« ist nun aber glatt und sauber. Sie haben den Wirt des *Cafés* um Papier gebeten.

Schon hat Eveline, die kleine Schwiegertochter, die weiß, was ihr gutes Recht ist, das Papier ergriffen und aus ihrer hübschen Handtasche einen Füllfederhalter mit blauer Tinte gezogen, ein schönes, ins Türkis spielendes Blau (es muß ihr Füllhalter sein, weil kein Weil jemals mit türkisfarbener Tinte geschrieben hat). Sie ist die Ehefrau, sie schreibt als erste. Und um jeglichen Zweifel zu beheben und ihr Eigentumsrecht geltend zu machen, beginnt sie mit: *Mein André*. Er gehört ihr, mögen die anderen auch noch so keifen, sie haben hinter ihr im Gänsemarsch auf den zuzugehen, der nicht persönlich anwesend, aber durch seinen Namen gegenwärtig ist, ist er doch der eigentliche Anlaß für diese Familienzusammenkunft, für diesen kleinen Aufmarsch. Sie schwenkt die Fahne, der sie folgen müssen, auf dieser Fahne steht » André«, aber ein André, der »Mein«, will sagen, in Evelines Besitz ist. Durchtrieben lächelt sie die Weils an, die bei einer Tasse schlechten Kaffees warten, daß sie an die Reihe kommen. Ihr schrecklich freundliches, wohlerzogenes Lächeln verkündet: »Euer Genie gehört mir, Euer Junge mit dem schönen schwarzen Haar, Simones »lieber Numen« ist mein Märchenprinz geworden, ich weiß, daß Euch das nicht paßt, aber es ist nun einmal so. Wir lieben uns, und daran könnt Ihr nichts ändern.«

Nach dieser Besitzstandserklärung kann sie sich eine gewisse Großzügigkeit leisten. Sie nimmt huldvoll ihren Platz im Stamme Weil wieder ein. Sie wird im Plural sprechen. Gruppe, Familienfoto. Sie bleibt in ihrer Nähe, hautnah, sich einschmeichelnd, maliziös und stark nach Parfum riechend, wohlwissend, daß sie Parfum verabscheuen. (Anscheinend löst das Parfum bei Bernard Migräne und bei Selma Asthma aus. Eveline glaubt kein Wort davon.) Sie schreibt: *»Wir denken alle vier an Dich und umarmen Dich. Eveline«*.

Sie gibt Füllhalter und Papier an Selma weiter und richtet ihre großen blauen Augen mit den langen, getünchten Wimpern auf sie. Ein Lächeln unterdrückt sie. Die Baskenmützen, mit denen die Schwiegermutter und die Schwägerin sich verunzieren, findet sie lächerlich.

Ich höre ihre Stimme, die soviel heller ist als die der Weils. Sie sagt: »Hier, Mime, jetzt sind Sie an die Reihe«.

Nun heftet Selma den durchdringenden Blick ihrer eng zusammenstehenden Augen auf ihre elegante Schwiegertochter. Ihre Stimme wird zuckersüß: »Oh ja, ich danke Ihnen vielmals«. Mit Betonung auf dem »vielmals«. Ich kann es von hier aus hören.

Selma ergreift den Füllhalter, sieht im Nu ein, daß für ihre üblichen Zärtlichkeiten, für das »mein Liebling«, das »mein liebes Kind« heute auf diesem Papier kein Platz ist, das sie sich mit einer Schwiegertochter, die sie überhaupt nicht mag (was auf Gegenseitigkeit beruht), zu teilen hat. Diese kleine Eveline hat sie mit »Mein André« ins Abseits gedrängt. Er gehört ihr, und all die »mein geliebtes Kind« werden daran nichts ändern. Selma kommt also ohne Vorrede zum eigentlichen Thema, das ihr von Rechts wegen zusteht und das sie beschäftigt: die Gesundheit ihres Sohnes, das sie, die Wölfin, umtreibt, die ihre Jungen einst mit Leidenschaft pflegte und nährte und die bis zu ihrem letzten Atemzug lustvoll schilderte, mit welcher Heftigkeit André an ihrer Brust gesaugt hat. B*ercher sagt uns, daß es Dir gut geht, wir sind darüber sehr glücklich.* Bevor sie aber den Füller an Simone weitergibt, behauptet sie trotzdem erneut ihre Rechte und unterzeichnet mit: *»Deine Dich liebende Mutter S Weil«.*

Tags drauf wird sie von Paris aus an André schreiben: »Eveline ist seit einigen Tagen bei uns, sie sieht gut aus und ist lieb und äußerst couragiert.« So würde man über eine Zwölfjährige reden.

Simone hält den Füller, glaube ich, senkrecht, weil sie sehr eng und sehr fein schreibt. Sie schreibt das meiste. Sie, die »Soror«, wie André sie zuweilen nennt, die Mitverschwörerin, die Zwillingsschwester, macht es sich zur Aufgabe, ihrem Bruder in Erinnerung zu rufen, daß das, was zählt, die Funktionstüchtigkeit seines Gehirns ist. Sie hat einen schönen Stil. *»Ich hoffe, daß Du Gedichte schreibst und schöne Theoreme vorbereitest und Dir die Zeit nicht allzu lang werden läßt.«* Sie spricht von Gedichten. Haben sie sich als Kinder nicht stundenlang spielerisch Gedichte mit vorgegebenen Endreimen ausgedacht? Papier ist nicht vonnöten! Und dann benutzt sie das Wort »vorbereitest«, was bedeutet: Du brauchst nur von Theoremen zu träumen und sie in deinem Gedächtnis zu speichern, bis du Papier bekommst, was sehr bald geschehen wird, mach dir keine Sorgen. Du kennst uns doch. Wir werden Himmel und Hölle in Bewegung setzen.

Sie umarmt ihn nicht, das tun diese Geschwister nicht. Sie schreibt zum Schluß: *»Wir denken die ganze Zeit an Dich. Simone.«* Sieht es auch auf den ersten Blick so aus, als wolle sie das von ihrer Schwägerin Geschriebene noch überbieten, so bin ich mir sicher, daß dies unwillentlich geschah, denn ich kann mir nicht einen Augenblick vorstellen, daß sie auf ein derartiges Wetteifern eingegangen wäre.

Es stimmte ganz einfach. In den folgenden Wochen sollte sie oft ins Gerichtsgebäude gehen und dort den Verhandlungen beiwohnen, um deren Ablauf zu beobachten und ihrem Bruder nützliche Ratschläge geben zu können. Wenn Simone an etwas denkt, denkt sie die ganze Zeit daran. Eveline dachte nie in ihrem Leben die ganze Zeit an etwas, nicht einmal an André, ihre große Liebe, ihren Märchenprinzen; sie war so veranlagt, was ihrem eigenen Befinden sowie dem Wohlbefinden ihrer Umgebung sehr zugute kam.

Eveline sieht sich nicht an, was Simone geschrieben hat. Ich glaube nicht, daß es sie interessiert. Die beiden Schwägerinnen gehen höflich miteinander um. Eveline, die hübsche, blauäugige Frau, in die der schöne, geniale Sprößling der Weils und der Reinherz' irrsinnig verliebt ist, schaut von der hohen Warte ihrer strahlenden Weiblichkeit, ihrer Lebensfreude und ihres kleinbürgerlichen gesunden Menschenverstandes verächtlich auf Simone, diese verrückte Simone mit Tintenflecken auf der Nasenspitze und in Kleidern, die sie linksherum anzieht oder bei denen sie Vorder- und Rückenteil verdreht.

Simone ihrerseits schätzt die Intelligenz derjenigen, die André heimgeführt hat, nicht sonderlich hoch ein. Ihr Blickwinkel ist ziemlich machohaft. »Mein Bruder beherrscht sie voll und ganz«, schreibt sie an einen Briefpartner. Da sie sich eifrig umgesehen und auch Romane gelesen hat, hat sie sich sicherlich mit dem Gedanken abgefunden, daß ein Mann eine Frau braucht, auch wenn er genial ist; ihr Bruder ist ein Mann, und Eveline mit ihrem Guerlain-Parfüm, der Fröhlichkeit eines schalkhaften jungen Mädchens, ihren hübschen Brüsten und ihrem amourösen Temperament ist die richtige Frau für ihn.

All dies ist für die beiden Schwägerinnen kein Hinderungsgrund, sich während der Monate, in denen André in Haft ist, wunderbar zu verstehen. Gemeinsame Front. Als er nach Rouen verlegt wird, hat er Recht auf Besuche, und häufig machen sie die Reise zusammen.

Eveline mit Hemden, Socken und Seife bepackt, Simone mit Büchern.

Schließlich kommt die Reihe, einige Worte hinzuzufügen, an den Familienvater, an Bernard.

Auf einem großen, 1916 in Mayenne im herkömmlichen Stil aufgenommenen Familienfoto steht er hinter der zwischen ihren beiden Kindern sitzenden Selma, die unter ihrem riesengroßen Hut etwas feierlich wirkt. Bernard ist schön und stolz und steht in seiner Galauniform kerzengerade. Er war während des ganzen ersten Weltkrieges Militärarzt.

Heute bleibt ihm unten auf der Seite gerade einmal Platz für einen Satz an seinen Sohn. Er hat seinen eigenen Füllhalter, er hat ihn aus seiner Rocktasche genommen oder sich einen beim Wirt geborgt. Er schreibt nicht mit türkisfarbener Tinte, sondern mit schwarzer. Er schreibt schnell: *Wir hoffen das Vergnügen zu haben, Dich bald wieder zu sehen Dein Vater B Weil.*

So, das wäre erledigt.

Dieser herrlich nichtssagende Satz ist auf den ersten Blick in seiner Verhaltenheit und Würde anrührend. Doch so, wie ich zuweilen eine Lupe nehme, um die Gesichtszüge einer Person auf einem Foto deutlicher sehen zu können, befasse ich mich jetzt gründlicher mit diesem Satz und erkenne etwas ganz anderes: Wut und Schmach. Die Beschämung eines Elsässers, der voller Stolz unter französischer Flagge gedient hat und dessen Sohn im Gefängnis ist, weil er sich nach der neuerlichen Kriegserklärung weigerte, zu seinem Regiment zu stoßen.

Der arme Bernard hat wahrlich kein Glück. Die Kinder, die er verdient hätte, hat er nicht. Er hat eine Tochter, die soeben einen Plan fertiggestellt hat, um mittels Fallschirm Waffen und Soldaten über der Tschechoslowakei abzusetzen, um so den Widerstand der Tschechen gegen die Deutschen zu organisieren, und die geschworen hat, sich unter eine Straßenbahn zu werfen, wenn sie nicht zu den ersten der mit Fallschirm Abgesetzten gehören würde. Und er, der unglückselige Vater, verbringt seine Zeit damit, alle Welt, Gewerkschafter und Senatoren, anzuflehen, seine Tochter zu beschützen, sie notfalls auch ein wenig zu belügen, um sie daran zu hindern, in Spanien, in der Tschechoslowakei und sonstwo ihr Leben allzu unbesonnen aufs Spiel zu setzen. Er ahnt wohl, daß dies alles erst der Anfang ist.

Und jetzt sitzt sein Sohn wegen Wehrdienstverweigerung im Knast.

Nachdem sie dem Vollzugsbeamten an der Pforte des Gefängnisses ihren gemeinsamen Gruß anvertraut haben, sind sie nach Paris zurück gefahren.

Zwei Tage später wird André in das Militärgefängnis von Rouen verlegt. Die Familie kann also ihrem Mitteilungsbedürfnis in persönlichen Briefen freien Lauf lassen. Briefwechsel zwischen Liebenden mit Eveline, in dem sehr viel von Blumen und Musik die Rede ist, eine fruchtbare intellektuelle Korrespondenz mit Simone.

Selma äußert ihre Ungeduld, ihren Sohn zu sehen, ihre mütterliche Zärtlichkeit, spricht von den Büchern, die sie für ihn kaufen wird. Sie achtet darauf, ihre Schwiegertochter in den Kern der Familie einzubeziehen: »Alle vier warten wir mit der Ungeduld, die Du erraten wirst, auf die Genehmigung zum Besuch bei Dir.« Bernard schreibt auf dem Papier seines Rezeptblockes. (Dieser wird ihm von nun an nur noch für die Familienkorrespondenz dienen. Er ist alt, und in jedem Falle sollten ihm 6 Monate danach, am 3. Oktober 1940, die antisemitischen Gesetze die Berufsausübung verbieten.) Der Ton wird weniger spröde. Der ehemalige Offizier hat sich an die Lage seines Sohnes gewöhnt, und die Herzlichkeit tritt wieder in ihre alten Rechte ein. »Ich kann Dir gar nicht sagen, wie glücklich wir sind, daß wir Dich bei guter Gesundheit wissen. Erlaubst Du mir wohl, Dir einen kleinen ärztlichen Rat zu geben? Versuche jeden Tag, wenn möglich morgens und abends 10 Minuten lang, etwas Gymnastik zu treiben. Ich nehme an, daß Du dich noch an einige Übungen erinnerst, wenn nicht, werde ich versuchen, sie für Dich aufzuzeichnen. Wir zählen die Stunden bis zu dem Augenblick, an dem wir Dich wiedersehen können. Ich umarme Dich herzlich, Dein Vater B Weil.«

Die Sache mit der Gymnastik liegt ihm am Herzen! Einige Tage später greift er sie wieder auf: »Ich meine, daß Dir aufgrund Deines jetzigen Mangels an körperlicher Bewegung 10 Minuten Gymnastik am Morgen gut tun würden, wenn das möglich ist. Du wirst Dich ganz sicherlich an die Übungen erinnern, die wir so häufig zusammen gemacht haben …«

Meine Mutter hat mir oft die Tage beschrieben, die Simone und sie gemeinsam zugebracht haben, wenn sie André besuchten, die Bahnfahrt, das belegte Brötchen in einem Café. Ich hätte viel darum gegeben, Andrés zwei Frauen, Eveline und Simone, gesehen zu haben. Das Bild, das sie beim Gang durch die Straßen von Rouen boten, wird sicherlich recht auffällig gewesen sein: die eine in ihrem unkleidsamen Rock, ihren Herrenschuhen und mit ihrer Baskenmütze, die andere in den hübschen, selbstgestrickten Pullis, mit einem hinreißenden Hut und mit Lippenstift …

Eines Abends in Paris kam Simone, die offenbar vergessen hatte, daß sie zusammen zu Abend essen wollten, recht spät zu Eveline in das kleine Apartment Andrés im Erdgeschoß der Rue Auguste-Comte, und beide verbrachten die erste Hälfte der Nacht am Boden sitzend, zwischen ihnen eine Schale in Branntwein eingelegter Kirschen. Simone hatte begonnen, Legenden zu erzählen, wie sie es gerne tat. Meine Mutter hörte entzückt zu. Sie hat mir öfter von diesem Abend erzählt, einem langen Abend, der inmitten jenes Winters, in dem der Krieg anfing, wie eine durch Zauberhand gesetzte aussparende Klammer erschien. Indes hatte sie ein Vorkommnis überrascht und sie aus der Fassung gebracht und sich ihr eingeprägt. Es lag in der Natur meiner Mutter, zärtlich zu sein und gern zu liebkosen. Sie konnte der Verlockung nicht widerstehen, Simone mit der Hand durch den Schopf zu fahren (der sie an den Andrés erinnert haben wird, den sie mehrere Monate nicht mehr berührt hatte!), und dabei hatte sie ausgerufen: »Was haben Sie für schöne Haare, Simone!«

Simone ist abrupt abgerückt und hat geschrieen: »Rühren Sie mich nicht an!«, als wäre sie von einer Schlange gebissen worden, erzählte meine Mutter.

Dieser Vorfall hat mich immer wieder beschäftigt. Eveline nahm an, daß Simone von jedweder Liebkosung in Schrecken versetzt wurde. Vielleicht, so habe ich mich gefragt, weil sie um ihr Leben gerne welche bekommen hätte? Hat sie sich durch diese Berührung, die Liebkosung, die ausgerechnet von der hübschen Frau kam, die mit ihrem Bruder schlief, besudelt gefühlt?

Simone war wieder zu Atem gekommen und fuhr in ihrer Erzählung fort. Die Schale Kirschen haben sie aufgegessen.

Vortreffliche Vorfahren – von galizischer Seite

Schreibt man über eine berühmte Persönlichkeit, die sich auch durch mustergültige Sittlichkeit und, mehr noch, womöglich durch einen Hang zur Heiligkeit auszeichnete, so ist es in der jüdischen Tradition sozusagen Pflicht, ihr einen prächtigen Stammbaum zuzuschreiben, welchen man auf Hebräisch *Jischuw* nennt: eine lange Ahnenreihe aus Rabbinern und Weisen, Talmud-Gelehrten von vorbildlicher Frömmigkeit, mit der eine vollkommene Demut einhergeht. Einen *Jischuw*, der möglichst bis auf König David zurückgehen sollte.

Unter den Vorfahren Simones habe ich vergebens nach Männern gesucht, die dieser Schilderung entsprechen würden, vergebens auch nach nur einem einzigen alten Rabbiner, der sich, wie einst der große Lehrer Jakob ben Jakar aus Worms, seines ungeheueren weißen Bartes bedient hätte, um den Boden vor der Bundeslade zu fegen.

Doch gelang es mir, durch gründliche Sichtung unserer Vorfahren, wobei ich mehrere Generationen von ehrenwerten und wahrscheinlich untadeligen Handels- und Geschäftsleuten in Gegenrichtung zum Strom der Zeit abgeschritten bin, in dem galizischen Städtchen Brody einen Ur-Ur-Großvater von Simone, einen Mann mit langem Bart und fülligem, gelockten Haupthaar, einen sehr bewanderten Hebraisten, ausfindig zu machen, der für den Handel so wenig begabt war, daß seine Geschäfte zusammenbrachen. Ohne seine energische, äußerst kluge Frau wären ihre sechs Kinder verhungert. Dieser Einzelfund hat mich sehr befriedigt, scheint mir doch dieser Ahnherr Barasch (dessen Vorname mir nicht bekannt ist) einen ausgezeichneten Vorfahr von Simone abzugeben, wie er so, im Geschäftsleben völlig untauglich, über seine Bücher gebeugt dasitzt. Mein Vater pflegte zu sagen, daß die Juden sich in zwei Kategorien aufteilten: Sie waren Händler oder Rabbiner. Er reihte sich selbstverständlich mit seiner Schwester in die letztgenannte Kategorie ein, was ihn seinerseits nicht davon abhielt, ein wenig stolz darauf zu sein, daß es ihm fast immer gelungen war, das, was er seine »unbedeutende Handelsware« nannte, d. h. die Mathematik, zu einem recht angemessenen Preis loszuwerden.

Kommen wir jedoch zum Ahnherrn Barasch zurück. Er stammte aus Brody und verbrachte nach dem Tod seiner Frau seinen Lebensabend in Lemberg bei seiner Tochter Antonie. So kam es, daß seine Enkelin Hermine, die spätere Großmutter von André und Simone, ihre Kindheit bei ihm verbracht hat. In ihren Erinnerungen sollte sie ihn später beschreiben.

Und ich bin nun wirklich sehr zufrieden mit diesem Altvorderen, der in Brody an einem Tisch saß und mit seinem schönen Bart über die vergilbten Seiten eines alten Talmud-Bandes strich, während seine Frau irgend etwas im Laden im Erdgeschoß ihres zweigeschossigen Hauses mit Holzbalkon verkaufte.

Ich sagte zwar Talmud, aber es muß nicht unbedingt der Talmud gewesen sein. Er hätte auch die Tanya lesen können, das Werk des Rabbiners Schneur Zalman von Lyady, falls er zum *Chassidismus* neigte, denn neben anderen war Galizien ein Ursprungsort der vielfachen Ausprägungen schwärmerischer Frömmigkeit, und ich habe immer geglaubt, daß in den Adern meiner Tante Simone eine bestimmte Anzahl von Blutkörperchen kreisten, die geradewegs von einem *Chassid* der dortigen Gegend auf sie übergegangen waren. Vielleicht aber las er, ganz im Gegenteil, Pamphlete und Bücher der großen Reformer der *Haskalah*, die auch »Aufklärung« genannt wird. Die beiden Bewegungen, *Chassidismus* und *Haskalah*, erlangten unter den Juden Galiziens eine gleich große Bedeutung und stießen um die Mitte des 19. Jahrhunderts, zuweilen sogar innerhalb derselben Familie, heftig aufeinander.

Später läßt sich leicht vorstellen, wie der Großvater mit dem jetzt schlohweiß gewordenen gelockten Haupthaar und Bart in Lemberg zu sehr in seine Lektüre vertieft ist, als daß er die Blicke der kleinen naseweisen Hermine bemerkt hätte; und daß er sich dabei nicht in die Torah versenkt hatte, sondern in die *Ahavat Tziyyon (Die Liebe zu Zion)*, den 1853 in Wilna erschienenen Bestseller, der der erste Roman in hebräischer Sprache war, ein Werk Abraham Mapus', der den Ehrgeiz hatte, der Eugène Sue oder der Alexandre Dumas der Juden zu sein!

Auch wenn ich nicht so ehrgeizig bin, habe ich natürlich öfter daran gedacht, einen Roman über Simones Familie mütterlicherseits zu schreiben. Alle notwendigen Ingredienzien zum Verfassen eines herrlichen Schmökers, wie man ihn auf dem Lande gerne an Winterabenden liest, waren da: die weiten Ebenen, die Wälder, die grenzenlosen, fast immer verschneiten Steppen, Räuber und Wegelagerer, Wölfe, Kosaken und die Pogrome.

Gehindert hat mich daran, glaube ich, schlicht und einfach die Faulheit. Wenn schon nicht in der Wirklichkeit, so wären da zumindest in der Vorstellungskraft solche Entfernungen zu durchmessen und soviel kleine Städte zu beschreiben gewesen, Lemberg, Brody, Tarnopol, Brzezany … Und danach dann die großen, Wien, Odessa, Rostow am Don … Die endlosen Zugreisen. Denn die Juden kamen viel herum, trotz aller Zölle, die sie für den Einlaß in die Städte entrichten mußten, und sie zogen weg, je nachdem wie stark der Wind wehte, den meine Urgroßmutter Hermine etwas schamhaft »einen bösartigen Hauch Antisemitismus« nannte.

Doch dann habe ich beschlossen, zumindest einige Kapitelkurzfassungen nicht etwa von einem Roman, sondern von der wahrheitsgetreuen Historie dieser Familie zu schreiben und dabei zu zeigen, wie schicksalhaft diese die Reinherz' bis nach Paris führen mußte, wo Selma 1905 Bernard Weil heiratete und wo 1906 André und drei Jahre später dann Simone zur Welt kommen sollten.

Kapitel I:

In dem berichtet wird, wie um das Jahr 1810 der Anführer einer Räuberbande, die im Gebiet von Brody wohl bekannt war, den Laden der schönen, blonden Madame Barasch betritt, deren Ehemann in einem kleinen dunklen Raum im ersten Stock seinen Bart über einen Band des Talmud hin und her streichen läßt (in anderer Fassung: über ein Werk mystischer Frömmigkeit oder ein reformerisches Pamphlet; der weiter oben erwähnte jüdische Roman steht noch aus).

Was führte dieser grausame, in der ganzen Umgebung gefürchtete Räuber im Schilde? Er erklärte Frau Barasch, es sei ihm zu Ohren gekommen, daß sie eine derart fromme, gütige und barmherzige Frau sei, daß sie niemals etwas von ihm oder von seiner Bande zu befürchten habe und daß sie sogar ihre Türen weit offen stehen lassen könne, denn wer es wagen sollte, Hand an sie zu legen, bekäme es mit ihm zu tun.

Kapitel II:

Wie, ebenfalls um 1810, ein anderer Urgroßvater von Selma Weil, der geborenen Reinherz, von den Wölfen in der Region von Tarnopol verschlungen wurde.

Daß ein Ahnherr von Simone von Wölfen verschlungen wurde, das macht sich, finde ich, recht gut: das sind schließlich Leute, die aus Galizien stammen, und ein wenig Lokalkolorit ist hier durchaus am Platze. Die Wahrheit ist weniger spektakulär. Der Ahnherr (ein Reinherz), reiste in Geschäften und schlief in einer Herberge vor einem offenen Fenster. Ein tollwütiger Wolf war durch das Fenster gekommen (das Ganze spielt inmitten der unendlichen Wälder und grenzenlosen Steppen, was wir nicht vergessen sollten), hatte ihn an mehreren Stellen gebissen und war dann geflüchtet. Die Bißwunden des unglückseligen Reisenden waren verheilt, aber dann war er an der Tollwut gestorben und hatte eine untröstliche, wiewohl lebenstüchtige Witwe und einen einzigen Sohn hinterlassen, über den ich später noch sprechen werde.

Kapitel III:

Wie die Cholera, die im Jahre 1848 in Moskau wütete, die Geschicke einer ganzen Familie über etliche künftige Generationen hin beeinflußte, denn ohne diese Cholera hätte es André und Simone Weil nie gegeben

Damit verhält es sich so: Die jüngste Tochter des bärtigen und so geschäftsuntüchtigen Hebraisten hieß Antonie. Sie war eine liebreizende, kleine Blondine. Als sie ins heiratsfähige Alter gekommen war, beschloß ihre ältere Schwester Charlotte, die selbst seit mehreren Jahren in Odessa mit einem recht angesehenen Orientalisten mit Namen Simha, genannt Semion, Pinsker verheiratet war, ihre geliebte kleine Schwester mit dem Sohn von Simha, genannt Semion, zu verheiraten, den er aus erster Ehe hatte. Die liebreizende Antonie wurde nach Odessa gebracht, wo sie ein ganzes Jahr bei den Pinskers verbrachte und auf ihren Verlobten Lev, genannt Leon, wartete. Leon Semionowitsch Pinsker hatte gerade sein Medizinstudium in Moskau beendet. Er schickte sich an, zurück nach Odessa zu reisen, als eine Cholera-Epidemie ausbrach. Der junge Arzt Pinsker zeichnete sich durch seinen heroischen Einsatz in einem Moskauer Hospital aus, was ihm naturgemäß nicht die Zeit ließ, nach Hause zu seinem Vater zu fahren, um sich dort mit Antonie Barasch zu vermählen (später, nach den Pogromen von 1871 und 1881, sollte Leon Pinsker der erste Theoretiker der zionistischen Bewegung vor Theodor Herzl werden).

Einer der älteren Brüder Antonies fand, seine Schwester habe lange genug gewartet, und holte sie ab, um sie zurück nach Brody zu bringen. Auf der Heimreise kamen sie durch Lemberg, wo sie dank eines glücklichen Zufalls die Bekanntschaft von Salomon Sternberg machten, dem ältesten Sohn eines gewissen Zvi, genannt Hersch (beides bedeutet Hirsch oder Antilope), der Kaufmann in Brzezany war. Salomon und Antonie gefielen einander schon bei der ersten Begegnung, heirateten in Brody und ließen sich in Lemberg nieder, wo Hermine (so genannt in Erinnerung an ihren Großvater Hersch) 1850 zur Welt kommen sollte. Uff!

Salomon Sternberg, der Wechsler und Pfandleiher, war genauso wenig für das Geschäftsleben geschaffen wie sein Schwiegervater, der alte Barasch. Er liebte nur die Musik und brachte die meiste Zeit mit dem Spielen von Beethoven-Sonaten zu. Nochmals gute Gene für Simone und André.

Kapitel IV:

Wie im Sommer des gleichen Jahres 1848 Grigori Reinherz, (der Sohn des Mannes, den die Wölfe verschlungen hatten) seine Heimatstadt Brody just in dem Augenblick verließ, in dem ein junger Rabbiner, der erst seit wenigen Jahren dort ansässig war, durch einige seiner Schäflein vergiftet wurde, die ihn für geistig allzu aufgeschlossen und zu offen für Ideen zur Reform des jüdischen Kultus hielten.

Die Sache mit vergifteten Rabbiner ist historisch einwandfrei belegt, aber nichts läßt den Verdacht zu, daß mein Vorfahre etwas mit diesem fürchterlichen Verbrechen zu tun gehabt haben könnte. Die Familiengeschichte erwähnt nur, daß dieser brave Mann aus einer Notlage heraus nach Odessa ging, um dort sein Geld zu verdienen.

Ich halte einen Moment inne, um darauf hinzuweisen, daß derjenige, den ich eben Grigori nannte, bei seiner Abreise aus Brody sicherlich nicht diesen russischen und abscheulich christlichen Vornamen trug. Gewiß war sein Sohn, der Großvater Simones, im Besitz von ordnungsgemäß auf den Namen Adolphe Grigoriewitsch Reinherz ausgestellten Papieren und Unterlagen. Ganz normal, sobald man in Rußland ist. Aber ich male mir aus, daß Reinherz, der Reinherz von Brody, eigentlich Gershon hieß, was von seinen russischen Kunden und Geschäftspartnern schleunigst in Grischa, der Verkleinerungsform von Grigori, umgewandelt wurde.

Da ich gerade dabei bin, über Namen zu reden, und zwar über jüdische Namen: In der Familie erzählte man sich, daß der erste aus der Reinherz-Linie (vielleicht der mit dem Wolf oder dessen Vater) einen Beamten nicht schlecht bestochen haben muß, um sich »reines

Herz« nennen zu dürfen, was schon nach Leuten von Stand klang. Löwenherz wäre auch nicht schlecht gewesen, fanden wir. Indessen stellten wir uns einen armen Teufel vor oder hinter unserem Ahnherrn in der Schlange vor, der dann nach Hause kam und den weit weniger kostspieligen, aber auch weniger ansprechenden Namen Gallenstein bekommen hatte.

Aber kommen wir zu Gershon, genannt Grigori, zurück, dessen Sohn Adolphe Hermine Sternberg heiraten sollte.

Ich führe hier die Erinnerungen Hermines an, die um 1920 in Paris in ein kleines schlichtes Schulheft niedergeschrieben wurden.

Mein Schwiegervater hatte sich in sehr jungen Jahren verheiratet und große Mühe, den Unterhalt für seine vielköpfige Familie, seine fünf Kinder, seine Mutter und seine Schwiegermutter zu sichern.

Meine Schwiegermutter war die leibhaftige Barmherzigkeit. Ihre Kinder hielten ihr sogar vor, daß die Armen und Entrechteten ihrem Herzen näher stünden als sie! Wenn sie Geld hatte, verteilte sie es, auch auf die Gefahr hin, daß ihr für ihre Familie nichts mehr blieb, und wenn sie kein Geld mehr hatte, verschenkte sie irgendeinen Gegenstand ohne nachzudenken. Sie war sehr fromm und versäumte niemals, an Samstagen und Feiertagen in die Synagoge zu gehen. Ihr Ehemann war baß erstaunt, als sie in einem Jahr an einem der großen Festtage, am Versöhnungstag, behauptete, sie sei zu müde, um dorthin zu gehen. Auf sein Fragen hin gestand sie, daß sie ihr mit feinen Perlen besticktes Band zu Gunsten eines in der Klemme steckenden Verwandten verpfändet hatte und sich nicht ohne ihren Schmuck im Tempel zeigen wollte.

Mein Schwiegervater, der einsah, daß er in Brody nicht genügend für den Unterhalt seiner Familie und die doch sehr kostspielige Barmherzigkeit seiner Frau verdiente, zog daraufhin nach Odessa, eine sehr reiche Stadt, wo er viele Geschäftsbeziehungen unterhielt. Er nahm seinen ältesten, damals 18jährigen Sohn Adolphe mit.

Dieser junge Adolphe nun sollte der Großvater von André und Simone werden, die im Gedenken an ihn die Vornamen Simone Adolphine erhielt.

Und kein Mensch wird je erfahren, was die fromme Frau Grigori Reinherz von den Reformen hielt, die der unglückliche, auf so feige Art vergiftete Rabbiner geplant hatte.

Kapitel V:

Wie im Frühjahr 1857 Salomon Sternberg mit seiner gesamten Familie Lemberg verließ, um in Wien ansässig zu werden, da seine drei Kinder lernen sollten, besser Beethoven zu spielen als er, und weil er zweifellos zu Recht der Auffassung war, daß dies im Getto von Lemberg nicht möglich sein würde.

Er hatte Glück und konnte sich in Wien niederlassen, denn vor ihm war ein Onkel Sternberg dorthin gezogen, der dort das Ehrenbürgerrecht erhalten hatte. Das war ein ganz außergewöhnlicher Gunsterweis in einer Zeit, in der die Juden nicht das Recht hatten, sich mehr als fünf Tage hintereinander in der Hauptstadt aufzuhalten.

Der Idealist Salomon, dem gute Musik alles bedeutete, erwarb in Wien kein Vermögen, aber seine drei Kinder, Hermine, Henri und Anna, wurden ausgezeichnete Pianisten.

Kapitel VI:

In dem die Autorin sich die Freiheit nimmt, etwa 20 Jahre vorzugreifen, um unverzüglich das interessante Portrait von Frau Grigori Reinherz zu vervollständigen und sofort eine kleine Szene zu zeigen, die sich im September des Jahres 1876 abspielt.

In diesem Frühherbst hatten Adolphe Grigoriewitsch und Hermine Salomonowna Reinherz, die seit sechs Jahren verheiratet waren, Wien verlassen, wo sie Hermines Eltern einen Besuch abgestattet hatten, und waren auf der Heimreise nach Rostow am Don. Noch einmal lasse ich Hermine zu Wort kommen:

»Es war eine lange, mühselige Reise. Wir machten zuerst in Brody Halt. Meine Schwiegereltern befanden sich zu dieser Zeit auch dort, und wir wohnten alle bei einem Bruder meiner Schwiegermutter.

Ich schaute mir diese ärmliche Stadt an, die Häuser, in denen meine Mutter und mein Mann geboren waren und die mir traurig und verfallen vorkamen. Eines Tages beobachtete ich, neben meiner Schwiegermutter am Fenster stehend, die Menge der armen Juden, die sich anläßlich der großen Herbstfeste auf dem Platz drängte, und fragte sie, wie sie das Leben an diesem Ort so lange hatte aushalten können. Sie entgegnete mir, daß sie gerne für immer hier gelebt hätte – und als Antwort auf meine Verwunderung fügte sie in anrührendem Ton hinzu: »Hier gibt es so viel Arme.«

Lassen sich bei dieser frommen, barmherzigen Dame nicht auch einige charmante Heiligkeits-Chromosomen erkennen, die sich dann auf ihre Urenkelin Simone übertragen haben mögen? Abzüglich des perlenbestickten Bandes, versteht sich …

Kapitel VII:

In dem auf das Jahr 1870 zurückzukommen ist und in dem wir sehen werden, daß der Stand einer Tochter ohne Aussteuer (wir wollen uns an die Untauglichkeit des armen Salomon im Geschäftsleben erinnern) Hermine Glück gebracht hat.

Ich konnte von meinen Eltern keine Aussteuer erwarten schreibt Hermine, *und war entschlossen, diejenige, die unsere reichen Verwandten den von Haus aus nicht begüterten jungen Mädchen aus dem Familienvermögen zukommen ließen, auszuschlagen.*

Da tritt Adolphe Grigoriewitsch Reinherz auf den Plan, ein Mann von 40 Jahren, dessen Geschäfte (Getreide- und Wollexport) in Rostow sehr gut gehen, so gut, daß er sich eine Frau ohne Aussteuer leisten kann. Er verliebt sich in die hübsche Hermine Sternberg und heiratet sie. Hermine ist gerade zwanzig Jahre alt. Die Vermählung fand am 4. September 1870 in Wien statt. Mitten in das Hochzeitsmahl hinein bringt jemand die Nachricht von der Kapitulation Napoleons III. in Sedan und der Ausrufung der Republik in Frankreich!

Kapitel VIII:

In dem der arme Salomon, der tief bekümmert ist, daß seine geliebte Tochter ins Kosakenland zieht und dort leben wird, sie in dem Moment, als der Zug sich schon in Bewegung setzt, schluchzend anfleht, in der Zukunft den Freund, den er ihr fürs Leben geschenkt hat, ihr Klavier, und vor allem Beethoven nicht zu vernachlässigen …

… und in dem die Kosaken den Zug angreifen, der die beiden Jungvermählten in diese Zukunft bringt, und sich Hermines Aussteuer bemächtigen. Jedoch vergessen sie (es könnte auch sein, daß ein Kosak mit Herz Mitleid mit der hübschen, kleinen, 20jährigen Braut gehabt hat), ihr den Verlobungsring zu entreißen.

Gehört dieser von Kosaken erstürmte Zug zu den Märchen oder Erzählungen der Familie? Vielleicht haben wir uns unsere eigene Fassung des *Michael Strogoff* erschaffen … Wahr ist allemal, daß die Kisten mit dem Tafelgeschirr und der Lederkoffer, in dem sich nicht nur Hermines (zu Hause bestickte) Wäscheaussteuer, sondern auch mehrere Bände Beethoven befanden, irgendwo zwischen Taganrog und Rostow auf Nimmerwiedersehen verschwunden sind.

Übriggeblieben ist der Verlobungsring. Den wird meine Großmutter mir zu meinem 16. Geburtstag schenken.

Kapitel IX:

In dem die Familie Reinherz nach 11 Jahren eines glücklichen und gedeihlichen Lebens in Rostow – viel Beethoven, zahlreiche Wohltätigkeitsaktionen von Hermine, die eine Schule für arme jüdische Kinder gründet, Schlittenfahrten über die grenzenlosen Steppen und danach Vesperstunden um den vor sich hin summenden Samowar –

diese Stadt verläßt, aus der sie durch den bösartigen Hauch Antisemitismus sowie durch mehrere Pogrome ganz anderen Ausmaßes vertrieben wird. Sie tauscht den Don gegen die Schelde und läßt sich in Antwerpen nieder, wo Julie, Felix, Salomea, genannt Selma, und Jenny aufwachsen werden.

Kurzer Epilog zum »Roman« der Vorfahren von André und Simone von Seiten Reinherz

Ein Epilog über die reizenden Städtchen, in denen diese Ahnen gelebt haben und in denen, wie mir bekannt ist, auch etliche mehr oder weniger entfernte Vettern meiner Großmutter geblieben waren.

Lemberg (Lvov): jüdische Bevölkerung 1939: einhundertfünfzigtausend.

Ausgehungert, erniedrigt, terrorisiert, gefoltert und zwischen März 1942 und Juni 1943 an Ort und Stelle und im Konzentrationslager Belzec umgebracht.

Einige hundert Überlebende.

Brody: 1939 ungefähr zehntausend Juden.

Idem, an Ort und Stelle und in den Lagern Belzec und Majdanek.

Eine Handvoll Überlebende.

Brzezany: 1939 ungefähr viertausend Juden.

Idem, an Ort und Stelle und im Lager Belzec, ebenso wie die zehn- bis zwölftausend Juden, die aus anderen kleinen Städten Galiziens bis zu ihrer Vernichtung vorübergehend nach Brzezany gebracht worden waren.

Praktisch keine Überlebenden.

Sobald ich vor langer Zeit begonnen hatte, mich für die Orte zu interessieren, in denen meine doch nicht allzu entfernten Vorfahren gelebt haben, und sie in der Rückschau sogar lieb gewann, bin ich auf die schauerliche Wirklichkeit gestoßen.

Das durfte nicht ungesagt bleiben.

Diese Städte gehören derzeit zur Ukraine.

Vortreffliche Vorfahren: von elsässischer Seite

Immerhin muß ich auch von unseren Vorfahren auf der Seite Weil, vielmehr Weill sprechen! Sie sind zwangsläufig weniger exotisch als die Reinherz: Keine Wölfe, keine grenzenlosen Steppen, auch keine Kosaken, nichts außer einem gemütlichen, ruhigen und festgefügten Elsaß, in dem die Juden von Zeit zu Zeit, doch nicht sehr häufig, umgebracht wurden. Ziemlich regelmäßig wurden sie vertrieben. Danach kamen sie zurück.

Das größte Massaker fand 1349 statt. Danach verbannte 1389 ein Edikt die Juden aus der Stadt Straßburg. Sie verstreuten sich über die benachbarten Dörfer. Tagsüber konnten sie gegen eine Maut in die Stadt hinein, um dort das, was sie zu verkaufen hatten, besonders Vieh und anscheinend Pferde, an den Mann zu bringen.

Die Jahrhunderte verstrichen recht und schlecht, dann kam es zur Revolution. Am 27. September 1791 werden die elsässischen Juden Bürger wie alle anderen. Nichtsdestoweniger werden sie unter der Schreckensherrschaft verfolgt und enden häufiger als andere und unter verschiedenen Vorwänden unter der Guillotine. Napoleon schafft Ordnung in dem Ganzen.

Dem gemächlichen Leben meiner Weillschen Ahnherren, die französische Bürger und Einwohner von Wolfisheim waren, lassen sich, glaube ich, dennoch einige interessante Kapitel entnehmen.

Um 1857 beschließt Abraham Weill, der Großvater von André und Simone, der 1823 als Sohn des Wiederverkäufers Benjamin Weill und der Ghila Gross in Wolfisheim geboren wurde und sich mit Nanette Levy verheiratet hatte, mit seiner Familie nach Straßburg zu ziehen. Abraham ist Kaufmann und von beträchtlichem Ehrgeiz, er hat vier oder fünf Kinder. Wolfisheim genügt ihm nicht mehr. Ihn zieht es in die große Stadt.

Nachdem er Witwer geworden war, heiratete er die jüngere Schwester Nanettes, Eugénie. Sie wird ihm noch drei Söhne, darunter Bernard, meinen Großvater, schenken, der 1872 zur Welt kommt.

Abraham ist sehr fromm. Dies aber auf ganz elsässische Art. Keine Wurstwaren, keine Krabben, versteht sich, keinen Milchreis in Tellern, die für Fleisch bestimmt waren. Sabbat und religiöse Feiertage werden streng eingehalten. Seinen Bart läßt er jedoch nicht über die Seiten eines alten Talmudbandes schleifen: er hat einen riesigen Zwirbelbart und ein sorgfältig gestutztes Kinnbärtchen.

Abraham kommt gerade rechtzeitig nach Straßburg, um die Auseinandersetzungen in einer großen Frage mitzuerleben, die die frommen Juden zu dieser Zeit umtreibt: Darf man, ja, kann man eine Orgel in eine Synagoge einbauen? Die Befürworter der Orgel erinnern daran, daß es im Tempel in Jerusalem schon eine gegeben hatte (na ja, eine Art Orgel, die *Magrefa* genannt wurde, die zehn parallel stehende und jeweils mit zehn Löchern versehene Pfeifen hatte: auf diese Weise ließen sich mit einem Gebläse etwa hundert Töne hervorbringen). Die Gegner der Orgel machen geltend, daß die Juden seit der Zerstörung des Tempels trauern und daß es sündhaft wäre, in den Synagogen Musikinstrumente einzuführen, so lange diese Trauer währt. Sie halten es auch für geschmacklos, daß sich Synagogen den christlichen Kirchenbauten anzugleichen beginnen. Mir ist nicht bekannt, welcher Partei sich mein Urgroßvater angeschlossen hat.

Kapitel II:

In dem Abrahams Neffe, Alphonse Weill, der 18 Jahre alt und auf Abenteuer aus ist, beschließt, sich das, was in Amerika geschieht, anzuschauen. Da er New York und dessen jüdische Gemeinschaften, die dort schon wirklich Fuß gefaßt haben, verachtet, treibt es ihn weiter bis nach Kalifornien. Im Juli 1870 kommt er dort an. Drei Jahre später wird er in Bakersfield einen eigenen Laden eröffnen.

Kapitel III:

Straßburg ist deutsch geworden. Wir schreiben das Jahr 1871. Abraham, dessen Geschäfte gut gehen, läßt sich in der sogenannten Neustadt aus Stein ein prächtiges Haus mit vier weiträumigen Stockwerken bauen. Nichts wird dabei ausgelassen: viereckige Säulen, runde Säulen, Löwenköpfe, steinerne Balkone mit Balustraden und vier Karyatiden, zwei weiblichen und zwei männlichen – zwei Frauen mit völlig entblößtem Busen, etwas wahrhaft Überraschendes am Hause eines frommen Juden!

Das Haus sieht den Nachbargebäuden, die ebenfalls Wunderwerke des preußischen Baustils sind, ziemlich ähnlich. Aber das Haus meines Urgroßvaters trägt oben ein großes steinernes Medaillon mit den verschlungenen Initialen AW: Abraham Weill.

Kapitel IV:

In dem Abraham um 1880 von seinem Neffen Alphonse einen interessanten Brief bekommt. »Komm zu mir, lieber Oheim, hier macht man sein Glück, Kalifornien ist groß, und für die gesamte Familie Weill ist mehr Platz, als sie braucht.«

Abraham ist über fünfzig Jahre alt und nicht bereit, sein schönes Haus mit den Löwen, den Säulen und den Karyatiden ohne handfeste Gründe zu verlassen. Er ist stolz auf seinen Erfolg, und es freut ihn, nachts unter dem schönen steinernen Wappen mit seinen Initialen zu schlafen. Er liest Alphonses Brief nochmals, schließt dann die Augen, zieht gemächlich an seiner langen Pfeife, einer herrlichen elsässischen Pfeife, ganz weiß, mit einem breiten Pfeifenkopf, und beschließt, seinen ältesten Sohn Isidor, der um die 20 ist, als Kundschafter zu schicken. Isidor wird beauftragt, herauszufinden, ob es für die Familie Weill ratsam ist, das Karyatidenhaus zu verlassen und nach Kalifornien zu übersiedeln. Bernard, mein Großvater, ist 8 Jahre alt. Ob er wohl des Abends zuweilen beim Einschlafen davon träumt, in Amerika groß zu werden?

Inzwischen folgen die Sabbattage aufeinander, und jede Woche sieht man die Familie Weill – Abraham mit seinem steifen Hut, Eugénie in den gefältelten Kleidern, dem Festtagsstaat, und die Kinder ihren Eltern folgend – zu Fuß zur Synagoge in der Rue St. Hélène gehen (die seit 1869 eine Orgel hat, wie ich zu meinem Bedauern zugeben muß). Es ist eine ganze Strecke Weges bis dahin, aber die Weills sind gut zu Fuß.

Isidor bleibt zwei Jahre weg. Dann kommt er wieder und erklärt, daß Amerika ein materialistisches Land ohne Kultur sei und daß es der Familie von Abraham Weill aus Straßburg dort gar nicht wohl ergehen würde.

Isidor läßt sich in Paris nieder und eröffnet dort einen Federnhandel.

Etliche böse Zungen in der Familie behaupten, Isidor sei die Kultur wirklich schnuppe gewesen und der Verdruß an Amerika hätte eigentlich von seinen unglücklichen Liebesabenteuern und vor allen Dingen von den Amerikanerinnen hergerührt. Mit diesen hatte er weniger Glück als Vetter Alphonse, der 1882 die 19 jährige, hübsche Henrietta Levy ehelichte. Sie sollten vier Kinder bekommen.

Auch Alphonse läßt sich das Haus seiner Träume erbauen. Mit dem Schmuckstück der teutonischen Architektur seines lieben Oheims

Abraham hat es kaum etwas gemein. Das Haus ist aus Holz, einstöckig und umgeben von mehreren schattenspendenden Veranden. Aber ein Schmuckstück ist es ebenfalls, ein Juwel der Pionierarchitektur. Es ist das erste Haus in Bakersfield, das ein wirkliches Bad besitzt, und dieses liegt sogar noch im Hausinneren!

KAPITEL V:

In dem man im Juni 1927 Alphonses älteste Tochter, Blanche-California Weill, im Büro eines der Dekane der Universität Harvard antrifft.

Der Dekan schiebt einen bequemen Sessel zu ihr hin, bittet Blanche-California, sich zu setzen und hält ihr in etwa folgenden Vortrag: »*Dear Miss Weill*, Sie haben in bewundernswerter Weise ihre Dissertation verteidigt. Morgen werden einige junge Leute ihre Doktorhüte vor ihren mit Stolz erfüllten Familien entgegennehmen. Können Sie sich vorstellen, welche Demütigung es für sie bedeuten würde, mitzuerleben, daß eine junge Frau den gleichen Doktortitel entgegennimmt, *dear Miss Weill*. Ich appelliere an Ihre Großherzigkeit, an Ihre weibliche Feinfühligkeit.«

Mit dem liebenswürdigsten Lächeln setzt er hinzu: »Sie können sich selbstverständlich Ihr Diplom ab morgen Nachmittag in meinem Büro abholen.« Meine Kusine Blanche-California, die den Kinderschuhen längst entwachsen ist, hatte genügend Zeit, herauszufinden, daß die weibliche Feinfühligkeit ein Fallstrick ist. Sie antwortet höflich, aber standhaft, daß sie die Absicht habe, der Feier beizuwohnen, und daß sie damit rechne, dabei ihren Doktorgrad in Erziehungswissenschaften zu erhalten.

Sie hat mir das Ganze viele Jahrzehnte später bei einer Stadtbesichtigung von San Francisco erzählt.

Ich habe die Doktorandenliste von Harvard durchgesehen und festgestellt, daß meine Kusine womöglich nicht die einzige junge Frau war, die in jenem Jahr einen Doktortitel an der Universität Harvard erworben hat. Eine Person mit Namen Psyche zählt mit zu den erfolgreichen Doktoranden. Ich kann mir schwerlich vorstellen, daß Psyche ein junger Mann gewesen sein sollte. Heißt das, daß meine Kusine Blanche-California ein ganz klein wenig mythoman gewesen ist, oder aber war Psyche ein schüchternes Veilchen und fügsamer als die Tochter von Alphonse und hatte seit langem darauf verzichtet, der Feier beizuwohnen und brav darauf gewartet, daß man ihr ihre Promotionsurkunde auf dem Postwege zustellte?

Es folgt eine gewisse Anzahl von Kapiteln, die literarisch kaum von Interesse sind. Die Nachkommen Abrahams zogen von Straßburg nach Paris, vermehrten sich, hatten Erfolg bei ihren Geschäften und manche auch im Kunstbetrieb. Die Schwestern Bernards bedauerten, daß ihr Bruder, anstatt eine Elsässerin oder allenfalls eine Lothringerin zu heiraten, eine *Galitzianerin* auserkoren hatte. Sie trösteten sich mit dem Gedanken, daß es der Mitgift wegen gewesen sei und daß ein junger Arzt sich ja wohl niederlassen müsse. Selma verachtete sie und hielt Simone und André niemals an, ihre Onkel, Tanten, Vettern und Kusinen zu besuchen. »Diese Kinder kennen wir nicht« hieß es bedauernd in der Familie Weill.

Wir gehen also unverzüglich weiter zum

Kapitel XX:

In dem man die gesamte Stadt Bakersfield bei der Feier zum 99. Geburtstag von Lawrence, dem Sohn von Alphonse, erlebt. Wir schreiben den 14. Mai 1988, und dieses Datum wird zum *Lawrence Weill Day* erklärt.

Denn die Weills von Kalifornien waren ungeheuer reiche und sehr mildtätige Leute. Dies aber auf völlig andere Art als durch das Verteilen von Lebensmitteln und Bekleidung wie meine Ahnfrauen in Brody und Lemberg! Wir befinden uns in Amerika, dem Land der Philanthropie im großen Stil. Henrietta Weill und ihre Töchter haben Ambulanzen für Kinder gegründet und mehrere Stiftungen finanziert. Blanche-California hat Zentren für »mutlose« Kinder geschaffen. Lawrence war der letzte noch lebende Sproß einer Familie, die weitgehend zur Modernisierung der kleinen Provinzstadt beigetragen hat, in der der Elsässer Alphonse 1873 ansässig geworden war.

Ich bin mir sicher, daß es an diesem großen *Birthday* ein Blasorchester, Feuerwerke und Reden gegeben hat und daß Luftballons in allen Farben aufgestiegen sind. Mein fast 100 Jahre alter Vetter wurde in einem Cadillac-Cabrio durch die Straßen gefahren und mit Konfetti überschüttet.

Mir tut es wahnsinnig leid, daß ich das alles verpaßt habe!

Was das *Weill House* anbelangt, Alphonses Haus, das 1950 mit all seinen Veranden und dem Badezimmer ins städtische Museum versetzt wurde, so gehört es noch immer zum Programm einer Stadtbesichtigung von Bakersfield!

Zu diesem Kapitel gibt es gleichfalls einen Epilog.

Aufgrund einer seltsamen Ironie der Geschichte war es der alte Alphonse, der, mehr als sechzig Jahre nach der Einladung an seinen Oheim Abraham – die wegen der Kultur und wegen des Juwels teutonischer Baukunst abgelehnt worden war –, 1942 für Bernards, Selmas und Simones Ausreise aus Frankreich sorgte. Er bezahlte die astronomischen Summen, die die Schiffahrtsgesellschaften für die Beförderung jüdischer Flüchtlinge verlangten, er unterzeichnete mit Blanche-California alle Kautionen, alle Affidavits, die für den Erhalt amerikanischer Visa erforderlich waren, er war es, der geschworen hatte, die gesamte Familie unterzubringen, zu ernähren und ärztlich betreuen zu lassen, notfalls bis ans Ende der Zeiten. Dank Alphonse gab es einige Laken und Decken in meiner Wiege, er war es, der, getreu seinem Versprechen, meiner Mutter den Sanatoriumsaufenthalt bezahlte, als sie kurz nach meiner Geburt einen Tuberkulose-Rückfall erlitt.

Simone rettete er nicht, niemand konnte sie retten, aber mit Sicherheit hat er meine Großeltern vor der Deportation und vor einem schrecklichen Tod gerettet.

Der Sünde Sold

Auch wenn ich entrüstet bin über die »Vorteile«, die mir nach Simones Vorstellung die Taufe verschaffen sollte, auch wenn ich empört bin, daß ich unter gewissen Nachteilen, die das Leben einer Reliquie mit sich bringt, zu leiden habe, mag es nun an der Zeit sein, einzugestehen, daß ich von sträflicher Hinterhältigkeit bin und daß es etliche Gelegenheiten gab, bei denen ich ohne zu zögern Simone gegen Güter dieser Welt eingetauscht habe, die sie – und das war mir vollkommen bewußt – verschmäht hätte.

Als ich mich zum ersten Mal für ein ganzes Schuljahr in New York aufhielt, um am dortigen *Lycée français* zu unterrichten, habe ich mir ein Zimmer in einem Gebäude der Upper West Side genommen, einer Art Wohnheim, das *The Wages of Sin* hieß. Das zwölfstöckige Gebäude überragte die Nachbarhäuser, und die Besitzer hatten die ganze Außenmauer, die auf der Südseite über eine fensterlose Wand hinausragte, über vier oder fünf Geschosse weiß tünchen lassen, um darauf eine Seite aus der Bibel darzustellen, auf der in übergroßen Lettern stand: *The Wages of Sin is Death* (Der Tod ist der Sünde Sold). Diese riesige Seite und den Vers darauf konnte man, wenn man den Broadway hinaufkam, von weitem sehen.

Es war ein recht düsterer Ort, von dem ich zuweilen während der acht oder zehn dort verbrachten Monate annahm, daß er meiner Tante zugesagt hätte (vielleicht aber nicht als Aufenthaltsort für mich, ihr »Patapon«, für das sie, glaube ich, eine recht bürgerliche Normalität vorgesehen hatte!). In dem Heim wimmelte es von ziemlich unglücklichen, einsamen Leuten, von Menschen, deren Träume ins Nirgendwo gingen, und von Emigranten, die auf ihren Zimmern absonderliche Gerichte kochten. Das ganze Etablissement roch nach Curry und verbranntem Fett. Eines Nachts begingen zwei Menschen, die von ich weiß nicht woher gekommen waren, in ihrem Apartment Selbstmord, und in den Gängen und im Aufzug roch es eine ganze Woche unheilschwanger nach Gas. Aber ich greife vor.

Das Zimmer, was man mir im ersten Stock gegeben hatte, war häßlich und vor allem sehr dunkel. Ich lebte seit 24 Stunden darin, als ich, durch Schreie und Lieder aus dem Erdgeschoß neugierig gemacht, in die Eingangshalle hinunter ging: Ein Dutzend Personen bildeten dort einen Kreis, sie hatten die Arme zum Himmel erhoben, waren mehr oder weniger in Trance und riefen Jesus an. Unter den schwärmerischsten von ihnen waren die Eigentümerinnen des Heimes, zwei Schwestern schwedischer Herkunft, in lange weiße Kleider gewandet, über die ihre grauen, langen Haare lose fielen. Ich war bei Mitgliedern einer mystischen, sehr aktiven Sekte eingezogen und danach erlebte ich häufig, wie sie spät abends, nachdem sie ihre weiten Nachthemden angezogen hatten, den Herrn anriefen. Schon am nächsten Tag kam ich mit den beiden Schwestern ins Gespräch. Ich erklärte ihnen, daß ich die Nichte Simone Weils sei. Sie hatten von meiner Tante schon gehört, und es hätte nur wenig gefehlt und sie hätten mich vor Überraschung und Freude in die Arme geschlossen. Begeistert über ihre Reaktion habe ich sie ohne jede Scham gefragt, ob sie nicht ein hübscheres Zimmer für mich hätten. Zwei Tage später brachte ich ihnen etwa ein halbes Dutzend ins Schwedische übersetzte Bücher meiner Tante, die ich mir aus dem Büro meines Vaters in Princeton geholt hatte, und zog in ein helles Apartment ein, das im zehnten Stock lag und einen schönen Blick auf den Hudson bot. Während meines gesamten Aufenthaltes bei den beiden Schwestern haben diese mich mit sehr viel Rücksicht und großer Zuvorkommenheit behandelt.

Allerdings folgten auf meine Beförderung in die höheren Sphären des *Wages of Sin* einige Nächte des Grauens, des Nichtbegreifens und der Panik: Zum ersten Mal in meinem Leben schlief ich auf einer verwanzten Matratze, und ich erfaßte nicht sofort, was mir geschah. Sicherlich eine Strafe des Himmels. Ich habe mir ein Bett kaufen müssen. Ich vermute, daß nicht einmal Simone das ausgehalten hätte. Nichts ist so entsetzlich wie Wanzen!

Eine auseinander gebrochene Familie

Am Tag nach dem Tod meiner Mutter kamen einige Leute auf uns zu, um uns ihr Beileid auszusprechen. Ich kannte sie nicht, mein Vater stellte mich vor: »Meine Schwester Simone.«

Die Erschütterung, der Kummer, gewiß. Doch diese Verwechselung reichte weit zurück!

Bin ich nicht diejenige, die als Kleinkind Simone bei ihren Eltern ersetzen sollte? Diejenige, die sie ihnen hinterlassen hatte?

In den Wochen, die ihrer Abreise von New York vorausgegangen waren, sprach sie mit ihnen unablässig über mich. Auch noch in dem allerletzten Brief, den sie mehrere Tage, nachdem sie von ihrem Tod erfahren hatten, erhielten: *»Darlings, sehr wenig Zeit und Inspiration jetzt für die Briefe verfügbar. Sie werden kurz sein, in größeren Abständen und unregelmäßig kommen. Aber Ihr habt ja eine andere Quelle des Trostes. […]«*

– Unsere arme kleine Simonette, sie hat uns so sehr geliebt, sagte mein Großvater weinend, als André in Begleitung von Dr. Bercher meinen Großeltern das Telegramm brachte, in dem ihnen Simones Tod mitgeteilt wurde.

War der Grund dafür das *she never wanted you to know* (sie wollte nicht, daß Sie Bescheid wüßten), das Zette Closon im Telegramm hinzugefügt hatte? Biri wußte, daß nur Mime und er ihre Tochter hätten heilen und sie ein weiteres Mal vor ihrem schonungslosem Eifer, sich zu zerstören, hätten retten können. Er wußte, daß sie ohne sie nicht zu überleben vermochte.

Begriff Bernard in diesem Augenblick, daß sie in den Briefen, die Selma und ihn seit Monaten erfreut hatten, eine Unwahrheit an die andere gereiht hatte?

Die hübschen Beschreibungen des Frühlings in London und die Schilderungen ihrer Arbeit, der Spaziergänge, von Simones neuen Freundinnen – alles Fiktionen, Fiktionen, die bezweckten, die armen Eltern mit Blindheit zu schlagen. Das einzig Wahre an all diesen Briefen ist das Baby mit dem sonnigen Lächeln, über das sie, wie sie sich brüstete, einen Zauber gesprochen hatte, an das sie ja sogar in ihren Telegrammen ihre *fondest kisses*, ihre liebevollsten Küsse, sandte.

An dem Tag, an dem Zette Closons Telegramm eintraf, redete Mime davon, sich umzubringen. André hat ihr das nie verziehen. Er war doch noch am Leben.

Dies war der erste haarfeine Riß.

Die Familie, die bis zu Simones Tod so fest zusammengeschweißt war, sollte bald darauf auseinander brechen. Nicht sogleich. Meine Mutter mußte sich zur Kur in ein Sanatorium in Pennsylvania begeben. Meine Großeltern holten mich zu sich nach New York, und sechs oder acht Monate lang widmeten sie mir all ihre Energie, all ihre Klugheit, all ihre Warmherzigkeit. Mimes Briefe an Eveline sind nichts als lange »Berichte« über »die Prinzessin«: daß die Zähnchen kommen, was ich an körperlichen Glanzleistungen vollbringe, was ich esse, was ich trinke, daß meine Füße wachsen. Mime stellt Schuhchen für mich her, Biri kauft mir einen Regenumhang, Mime näht mir Kinderkleidung, Biri bringt ein spezielles Gitter auf dem Balkon an, damit ich dort den ganzen Tag über an der frischen Luft sein kann. Beide stehen bei Tagesanbruch auf, um mich während der kühlen Stunden spazieren zu fahren, mein Wortschatz erweitert sich, ich kann zählen und Farben erkennen, auch wenn dies der Kusine Blanche-California, die Doktor der Erziehungswissenschaften ist und sich in New York mit »mutlosen« Kindern befaßt, nicht paßt – behauptet sie doch, daß ein Kind Farben erst ab dem dritten Lebensjahr erkenne. Ich bin ein allerliebstes Kind, ich bin zum Vergöttern, ich tröste meine Großmutter, die es sehr spaßig findet, daß ich ihre Brille aus dem Fenster hinausgeworfen habe, ich bin ein lieber kleiner Schatz, der dem Großvater ein wenig von seiner Fröhlichkeit zurückgibt, *Biri hat so sehr gelacht …*

Mimes Briefe sind voller Zuneigung für Eveline: diese ist weit weg. Mime wünscht ihr schnelle Genesung, aber bis es soweit sein wird, gehört das Baby mit dem sonnigen Lächeln, die Quelle des Trostes, Mime und Biri.

Diese arme Quelle des Trostes werden sie sich bald streitig machen, und sie wird zu einer kleinen Geisel werden, die zwischen vier wutentbrannten Erwachsenen, zwischen André und Eveline, Bernard und Selma, hin und her geschoben wird.

Der erste Zusammenstoß ereignet sich an Bord des Schiffes *Rio Tunuyan*, das die gesamte Familie im Februar 1945 von New Orleans nach Brasilien bringt. Mime hält mich ständig auf ihrem Schoß und will nicht, daß ich auf ein Mädelchen zugehe, das Petty heißt und das sie schmutzig findet. André entreißt mich den Armen seiner Mutter und übergibt mich brüllend Eveline. Biri nennt André einen Schuft und sagt ihm, daß ich für Mime und ihn das einzige Glück sei, das ihnen auf dieser Welt bleibe. Eveline schließt sich mit mir in ihrer Kabine ein, wo ich drei Tage lang heule, daß ich Mime haben möchte. Eveline findet dies gar nicht schön und wird es mir ihr ganzes Leben lang nicht verzeihen. Als ich mich beruhigt und an die Veränderung gewöhnt habe, gibt man mich meinen Großeltern zurück. Eveline ist abgespannt.

Die Jahre in Brasilien verliefen ruhig. Es waren Jahre, in denen es ums Überleben ging, in denen wir auf eine eventuelle Rückkehr nach Europa warteten und in denen sich die gesamte Familie vor allem an ein schwieriges Klima anpassen mußte … *Seit unsere kleine Sylvie hier ist, hustet sie und hat eine Darmentzündung. In New York hatte man uns gesagt, daß São Paulo ein ideales Klima hätte. Wenn man das den Leuten von hier erzählt, biegen sie sich vor Lachen! Und man akklimatisiert sich anscheinend nie!* schreibt Bernard seinem Vetter Alphonse in Kalifornien.

Ich bin oft bei meinen Großeltern. Ich bin ihr Lebensinhalt. Und für meine Eltern ist das höchst bequem.

Der Krieg ist zu Ende. Meine Schwester kommt auf die Welt. Ende 1947 brechen Mime und Biri in die Schweiz auf, wir nach Chicago, wohin mein Vater einen Ruf als Professor erhalten hat. Im Frühjahr 1948 erkranke ich ziemlich schwer an einer Erstinfektion, meine Großeltern nehmen mich mit in die Schweiz. Im Jahr darauf ist die ganze Familie wieder in der Rue Auguste-Comte beisammen.

Ich glaube, die lange Reihe von Auseinandersetzungen, Zerwürfnissen, Prozessen, Waffenstillständen und Versöhnungen, denen neue Zerwürfnisse folgten, begann 1952, sie sollten während meiner ganzen Kindheit und weit darüber hinaus bis zu Selmas Tod im November 1965 andauern. In meinem Gedächtnis gibt es einen Ort, der diesen nicht enden wollenden Familienalptraum symbolisiert, es ist die schmale Treppe, die die große Wohnung im sechsten Stock mit dem Appartment im siebten verband. In den Jahren, in denen meine Großeltern und meine Eltern gut miteinander auskamen, war die Tür am Fuß der kleinen Treppe offen, und meine Schwester und ich oder ich alleine schliefen im sechsten Stock. Die große Wohnung gehörte zu unserer Kinderwelt, wir spielten mit Biri Karten und futterten Mimes wunderbare Butterkekse. In den Jahren, in denen die Erwachsenen nur noch über Rechtsanwälte miteinander verkehrten, war die Tür von beiden Seiten verriegelt, das Treppenhaus diente uns als Garderobe und Abstellraum. Als junges Mädchen saß ich stundenlang auf den Stufen und lauschte den Geräuschen, die vom sechsten Stock nach oben drangen, ich horchte auf die Lebenszeichen von Mime: Auf ihren schweren Schritt im Flur, ihre Stimme, wenn sie Besucher empfing, auf ihre Ausrufe, ihr Lachen. Vor allem ihr Lachen tat mir weh.

Im Mittelpunkt des Zwists stand selbstverständlich die Verstorbene: Simone. Ihre Hinterlassenschaft. Da war als erste ich, das Baby, das sie ihren Eltern vermacht hatte. Bernard und Selma hätten mich gerne großgezogen, oder es zumindest gerne gesehen, wenn meine Eltern mich mit ihnen geteilt hätten. Mein Vater war – ob zu Recht oder zu Unrecht – der Meinung, daß seine Mutter in Simone das

Bedürfnis nach ihr eingepflanzt hatte und Simone daran gestorben sei. Es lag ihm am Herzen, bei mir dieses »Bedürfnis nach Mime« zu kappen, das er für unheilvoll hielt und fürchtete.

Sehr bald weitete sich der Streit dann auf Simones Manuskripte aus. Meine Großeltern hatten sich voller Eifer an deren Veröffentlichung gemacht. Mein Vater, der sicherlich der Ansicht war, daß niemand seiner Schwester so nahe gestanden hatte wie er, äußerte den Wunsch, bei jeder Veröffentlichung mitzuwirken. Nichts sollte ohne seine Zustimmung und ohne seine Mitarbeit getan werden. Für meine Großeltern (nach dem Tod meines Großvaters 1955 für meine Großmutter allein) lagen die Dinge anders. Sie wollten die Manuskripte als Schenkung an die *Bibliothèque nationale* geben. Mein Vater widersetzte sich: erst müßte das Gesamtwerk veröffentlicht sein. Sie wollten sie der BN vermachen, mein Vater widersetzte sich, indem er geltend machte, daß er Miterbe war.

Während mehrerer Jahre kam es zu »Kidnappings« von Manuskripten. Einmal wurden sie von meinen Großeltern eine Zeitlang der *Bibliothèque nationale* anvertraut und später in die Rue Auguste-Comte zurückgebracht, dann von André der *Bibliothèque nationale* zurückgegeben, um von Selma mit aller Gewalt zurückgefordert und sehr bald zurückgeholt zu werden. Selma beschuldigte André, sie eines Morgens sehr früh in einem Überraschungscoup entführt zu haben. *Ich habe gehört, wie jemand sich in meine Wohnung einschlich, beunruhigt bin ich aufgestanden und entdeckte in dem Zimmer von Simone meinen Sohn, der dabei war, alle Manuskripte und Abschriften, die ich während des ganzen Sommers angefertigt hatte, in einen Koffer zu verstauen. Trotz meiner Proteste hat er sie mitgenommen und sich geweigert, mir die Auflistung zu geben. Er behauptet, sie der Bibliothèque nationale wieder ausgehändigt zu haben.* Die Manuskripte bzw. ein Teil von ihnen wurden auf diese Weise mehrmals zwischen der BN und der Rue A. C. hin und her befördert.

Zu welchem Zeitpunkt haben sich Bernard und Selma in den Kopf gesetzt, ihre Wohnung der *Bibliothèque nationale* zu vermachen, damit diese sie zu einem Simone-Weil-Museum umgestalte? Die BN hatte keineswegs die Absicht, in der Rue Auguste-Comte ein Museum einzurichten, riet jedoch meinen Großeltern auch nicht von ihrem Plan ab, und sie faßten ihr Testament in diesem Sinne ab. Verbittert und alt geworden erklärten sie, André und seine Familie seien nicht würdig, in den Räumen, wo Simone gelebt hatte, zu wohnen.

Sie hatten die Wohnung mit der schweigenden Gegenwart Simones erfüllt. André war allzu lebendig, zu anspruchsvoll, die Kleinen zu laut, zu lebhaft und Eveline zu stark parfümiert. André hätte vielleicht die Situation entschärfen können, wenn er während seiner Aufenthalte in Paris mit seiner Familie woanders gewohnt hätte. Aber nein. Die Weils klammerten sich an die Rue Auguste-Comte wie Muscheln an ihren Felsen.

Wer hat zur damaligen Zeit versucht, sich einen Begriff von der schrecklichen Traurigkeit dieser »Scheidung zu viert« zu machen? Hat denn niemand versucht, den gekränkten Sohn, der wütend zum Gegenschlag auf die öffentlich gewordenen Schritte seiner Eltern zu seiner Enterbung ausgeholt hatte, mit den beiden alten Eltern zu versöhnen, die unguten Einflüssen ausgesetzt waren, schlecht beraten wurden und unter dem inneren Zwang standen, die Erinnerung an ihre verstorbene Tochter zu verewigen?

Doch, einer hat es, soweit ich weiß, getan, der Arzt Louis Bercher, der »fassungslos vor dieser bedrückenden Auseinandersetzung zwischen Menschen, die allesamt gut sind« stand.

Simone war schon zur Heiligen und Selma zur Mutter der Heiligen verwandelt worden. In dieser Konstellation mußte André den Teufel abgeben. Der aufbrausende Charakter meines Vaters tat ein übriges. Bekannte Persönlichkeiten in den Pariser Intellektuellen-Kreisen schürten jahrelang eifrig die Zwietracht und weideten sich an der Trauer dieser aus den Fugen geratenen Familie, die sich so über alle Maßen lächerlich machte.

Ich kann weder der einen noch der anderen Seite Recht oder Unrecht geben. Ich kann nur sagen, daß es ihnen in Simones Namen gelungen ist, meinen Kinderjahren einen oft bitteren Beigeschmack zu geben. Eines Tages, ich war elf Jahre alt und Schülerin am *Lycée*

Montaigne, erwartete mich Biri am Ausgang. In jenem Winter lebte ich bei meiner Großmutter mütterlicherseits, da meine Eltern und meine Schwester in Chicago waren. Es war eines der Jahre, in denen meine Eltern und meine Großeltern nicht miteinander sprachen. Viermal am Tag ging ich vor dem Haus in der Rue Auguste-Comte vorbei und stieg nicht nach oben zu meinen Großeltern. Mein Vater hatte mir gesagt: »Wenn du ihnen begegnest, sei höflich, aber halte dich nicht lange auf.« Ich sah sie wohl ein-, zweimal von weitem; sie liefen langsam, untergehakt, und in ihren alten dunklen Regenmänteln und mit ihren Baskenmützen sah eins aus wie das andere, aber auf mich wirkte es so, als seien sie nicht wirklich Mime und Biri mit den Butterplätzchen und sonstigem Knuspergebäck, sondern zwei Unbekannte, zwei bösartige Leute, die meine Mutter, meine Schwester und mich im Sommer des vorangegangenen Jahres in Abwesenheit von André vertrieben hatten. Das war, glaube ich, im Gegenzug zu einem wenig liebenswürdigen Brief geschehen, den er an die *Bibliothèque nationale* geschrieben hatte und von dem diese wiederum meinen Großeltern Mitteilung gemacht hatte.

Und da stand nun an einem traurigen Winternachmittag plötzlich wenige Meter von mir entfernt Biri da und schaute mich schweigend, fast schüchtern an, und ich sah dicke Tränen seine Wangen hinunter laufen, bis in seinen Bart, der jetzt weiß und etwas schütter war. Auch ich blieb mit meinem Ranzen einige Augenblicke wie angewurzelt stehen und blickte ihn an, unschlüssig, wie ich mich verhalten sollte. Ich bin nicht zu ihm hingelaufen, um ihn zu umarmen. Ich habe ihm kurz zugenickt und mich dann schnell entfernt. Ich habe es mir niemals, niemals verziehen.

Im Jahr darauf ist er gestorben. Wir haben ihn einmal wiedergesehen, ausgezehrt und erschöpft. Ein etwa ein Jahr andauernder Waffenstillstand folgte auf diesen neuen Trauerfall. Dann ging alles umso heftiger wieder los.

Die Metamorphosen des Kuckuckseis

In der Familie erzählte man sich, daß Selma sich lachend gebrüstet hatte, im Salon eines größeren Hotels in den Bergen, wo die vier Weils kurz nach dem ersten Weltkrieg einige Ferientage verbrachten, die *Internationale* auf dem Klavier gespielt zu haben. Da mehrere Dauergäste energisch protestiert hatten, ließ der Hoteldirektor sie durch ein Zimmermädchen bitten, diese anstößige Vorführung zu beenden. Selmas Schwäger und Schwägerinnen waren mindestens ebenso entsetzt wie die reichen Hotelgäste, und noch ein halbes Jahrhundert später wurde darüber geredet.

Hatte Andrés und Simones Mutter womöglich etwas von einer Brandstifterin an sich?

Im Laufe ihres langen Lebens hat meine Großmutter Selma etliche Metamorphosen durchgemacht. Sie war ein theatralischer Mensch, der seinesgleichen suchte, fähig, in die verschiedenartigsten Rollen zu schlüpfen und sie allesamt wunderbar zu spielen. Doch habe ich sie nur in ihren beiden letzten Rollen erlebt. Während meiner frühen Kindheit zuerst in der der trauernden Mutter, die mir, ihrer Enkelin, allerdings mit unermüdlicher Liebe und Aufopferungsfreude als Mutter gedient hatte, so daß sie zum Beispiel 1944 in der erdrückenden Hitze des New Yorker Sommers auf die 14 Tage Ferien auf dem Lande, die unsere reiche Kusine Blanche-California Weill ihr schenken wollte, verzichtete, weil sie fürchtete, ihre »Prinzessin« (ich!) könnte in einem Hotel nicht den lieben langen Tag in der Badewanne verbringen – die einzige Beschäftigung, die mir als Kleinkind in diesem Sommer Spaß gemacht hat. Sie umgab mich mit einem magischen, schützenden Kokon, so wie sie es bei ihren Kindern getan hatte, und ich liebte sie über alles. Nach Ablauf einiger Jahre habe ich dann miterlebt, wie sie in ihrer letzten, der erstaunlichen und großartigen Rolle als Mutter der Heiligen aufblühte.

Das geschah in der Rue Auguste-Comte, in der zu einer Art Tempel verwandelten Wohnung, an deren Flurende das Allerheiligste, das Zimmer Simones, lag: Unmittelbar neben dem Eingang rechts standen der mit einem Tischtuch überdeckte Reisekoffer, das große Foto und die Blumen in der Vase. Der lange Holztisch, die fein säuberlich auf Regalen aus Weichholz (es waren nicht Simones Regale) aufgereihten Bücher, ihre Budé-Ausgaben, ihr gregorianisches Meßbuch sowie die große Ausgabe der Romane von Restif de La Bretonne. Simone meinte zu einer bestimmten Zeit, sich durch diese Lektüre einige Kenntnisse über die Realitäten des Lebens aneignen zu können, erklärte mein Vater in halb spöttischem, halb ernsthaftem Ton, in dem sogar ein Schuß Bewunderung mitschwang, so als ob dieser seltsame Plan, bei Restif das Leben meistern zu lernen, ein weiteres mysteriöses Kennzeichen der Überlegenheit der Trollin gewesen sei. Über seine Schwester sprach er stets in dieser Art.

Meine Großmutter, die dunkle, wenig feminine Wollsachen trug und deren Kopf von einer schwarzen Spitzenmantilla bedeckt war, die ihr bis über die Schultern fiel, ihr Gesicht streckte und ihr ein leicht nonnenhaftes Aussehen verlieh, empfing die Bewunderer Simones mit einem zu einem langen, schmerzlichen Lächeln verzogenen Mund, ließ ihnen ihre Zärtlichkeit reichlich zukommen und verlangte, von ihnen »Mime« genannt zu werden.

Sie, die niemals mit Mama oder Großmama angesprochen werden wollte, unterschrieb nun die Abschriften, die sie von den Texten ihrer Tochter von Hand anfertigte, um sie ihren Freunden zu schenken, mit »die Mama von Simone«.

Sie, die früher die Pfaffen verabscheut hatte, pflegte mystisch-schwärmerische Korrespondenzen mit einem kleineren Kreis von Kirchenmännern. Diese waren zu Stammgästen in der Rue Auguste-

Comte geworden, und regelmäßig wurden ihnen auch Erscheinungen von Simone zuteil; Simone schritt mit ihnen, begleitete sie, dessen waren sie sich sicher, und ihre Gegenwart beinhaltete eine sehr reine, sehr zärtliche Freundschaft für sie … »Es vergeht kein Tag, an dem ich mich ihr nicht zuwende und sie in der Stille zu Rate ziehe«, schrieb der eine oder andere dieser Getreuen.

Mit Selma schlossen sie sich in Simones Zimmer ein. Wenn sie nicht in Paris waren, schrieben sie ihr. In diesen Briefwechsel bekam ich natürlich erst später Einblick.

Sie nennen meine Großmutter ihre teuerste Mime. Sie erklären ihr, daß Simone in ihr und durch sie neuerlich lebe und daß wenige Mütter so überreich beschenkt worden seien wie sie, die liebe Mime, die seit so vielen Jahren nur noch mit ihrer Tochter, durch sie und für sie lebe. Sie sagen ihr, daß sie in Simone unsterblich geworden sei. Und: »Simone und Sie, das ist ein und dasselbe, eines.« Sie erklären ihr, es wäre unerträglich, sie zu verlieren, denn dies hieße, Simone erneut zu verlieren. Sie ist für sie »ein reales Gegenwärtigsein« von Simone.

Und dann ergehen sich ihre Brieffreunde endlos darin, sie innig und, selbstverständlich, voller Hochachtung …, mit achtungsvoller Innigkeit …, mit zärtlichem Respekt zu umarmen. Die Ausdrucksweisen variieren, spürbar ist der Wunsch, sich nicht zu wiederholen.

Und auch sie, die Mama von Simone, umarmt sie innig und sogar mit ihrer ganzen innigen Zuneigung. Sie findet zurück zum Ton der schwärmerischen Jungmädchenbriefe, in dem sie als Jugendliche ihre Herzensergüsse schrieb, und auch zu dem, den sie später in ihrer Korrespondenz mit Mademoiselle Chaintreuil anschlug, der Grundschullehrerin ihrer Kinder, die zu ihrer engen Freundin und Vertrauten geworden war.

Bravo, Mime! Mit dem inzwischen gewonnenen Abstand bin ich jetzt stolz auf dich! Warum denn am Ende dieses doch recht traurigen Lebens mit seinen über achtzig Jahren nicht diese kleinen kirchlichen Flirts, die so angenehm und schmeichelhaft sind mitsamt ihrem Geleitzug von innigen, achtungsvollen Küssen und all dem »Ich bin mit Ihnen, Sie sind mit mir, Simone ist in uns und zusammen sind wir in Simone«?

Indessen war ich zur damaligen Zeit nicht nur nicht stolz auf dich, sondern verabscheute von ganzer Seele diese scheinheiligen Herren, die sich dir zu Füßen warfen und dabei den Namen »Simone« wie ein Mantra flüsterten und murmelten und ihn benutzten, um in mein Hoheitsgebiet einzufallen. Mit 10 Jahren hatte ich den *Tartuffe* gelesen, und ich verachtete die feisten Priester, die du zum Mittagessen einludst und die sich frömmlerisch zu Tisch begaben, um dein Sauerkraut zu essen, die die Fleischstücke sogar an Freitagen verschlangen und dabei behaupteten, auf Reisen sei alles erlaubt!

Die arme Simone hatte ihre aufrichtigsten, verzweifeltsten Seiten an eben diese Heuchler geschrieben! Und bei diesen galt jetzt: teuerste Mime und Sauerkraut.

Die scheinheiligen Herren hatten den ganzen Raum eingenommen, und für uns war keiner mehr übrig. Die Mama der Heiligen wurde durch ihre Aufgaben derart in Anspruch genommen, daß sie eigentlich nicht mehr Großmutter sein wollte. Die Flirts mit den Kirchenmännern webten um diejenige, die diese Mime nannten, ein Gespinst aus Heiligkeit, das sie endgültig von uns, ihrer Familie, absondern sollte. Sie zu einer Unbekannten machte.

Diese Unbekannte war in Rostow am Don geboren. Zur Erinnerung an ihren Großvater Salomon Sternberg, der kurz vor ihrer Geburt gestorben war, wurde sie Salomea genannt. Die kleine Salomea mit dem Rufnamen Selma war, wie ihr Bruder behauptete, mit 2 1/2 Jahren Nihilistin und mit 7 von schockierender Eigenständigkeit, wenn man einer nahen Verwandten Glauben schenken darf. Hermine verunzierte sie, vielleicht aus Zärtlichkeit, aber trotzdem mit dem wenig schmeichelhaften Spitznamen *Kuckucksei.* Das Kuckucksei, ein Ei, das von irgendwoher, von wo, weiß man nicht, durch Zufall ins Nest geworfen worden und dazu bestimmt war, seiner Umgebung nur Verdruß und Ärger zu schaffen. Dieser Spitzname sollte ihr bleiben.

Vielleicht müßte man das Familienleben der Reinherz' in dem weiträumigen, von Musik erfüllten Haus in Antwerpen beschreiben, in dem Mutter Hermine das Sagen hat, die sehr *comme il faut* und sehr autoritär ist. »Ein junges Mädchen hat keine Meinung zu haben« sagt sie immer wieder gern ihren Töchtern, sogar noch, als diese über die 20 hinaus sind! Der Vater Adolphe Grigoriewitsch ist vom Alter gezeichnet und teilt seine Zeit zwischen seinem Getreidehandel und seinen hebräischen Gedichten auf. Der geliebte Sohn Felix, das Glanzlicht der Familie, mit 18 Jahren ein hervorragender Geiger, studiert Jurisprudenz an der Universität Brüssel und kann wunderbar zeichnen. Die drei Mädchen mit den goldenen Stimmen sind auch sehr gute Pianistinnen und selbstverständlich perfekte künftige Hausherrinnen.

Woher ich dies alles weiß? Nun, es ist eine Familie, die ohne Unterlaß am Schreiben ist. Hermine Solomonowna fährt regelmäßig zu Besuch zu ihrer zahlreichen Verwandtschaft nach Wien und Paris und nimmt ab 1893 ihre älteste Tochter Julie mit, für die ein Gatte gefunden werden muß. Und jedes Mal verlangt sie während ihrer Abwesenheit von jenen, die sie daheim zurückgelassen hat, vier Seiten pro Tag auf Französisch oder Deutsch. Diese Briefe möchte Felix unter dem Titel *Briefe einer intelligenten Familie* veröffentlichen.

In den Briefen der jungen Selma offenbart sich eine heftige und leidenschaftliche Natur, großtuerisch und vor lauter Ungeduld und Langeweile ungebärdig wie ein junges Füllen.

Nachdem sie mit etwa 15 Jahren ihre schulische Ausbildung »beendet« hat, werden die Hauptbeschäftigungen des jungen Mädchens von nun an die Tätigkeiten im Haushalt, wogegen der geliebte Bruder das aufregende, abwechslungsreiche Leben eines Studenten führt. Selma bleibt die Musik. Und die Diktion.

Liebe Mama, ich höre Dich von hier aus sagen: Sie hat ein neues Steckenpferd gefunden. Aber es ist wirklich sehr ernst, sogar eine echte Leidenschaft. Meine Freundin Céleste behauptet, daß mich unser Diktionslehrer, der bei ihnen am Mittwoch zu Abend speiste, sehr gelobt hat! Sie sehen von hier aus, daß ich außer mir vor Freude bin. Ich bitte Sie sehr, glauben Sie den dummen Geschichten, die Felix erzählt, nicht. Er erzählt da Dinge über mich ! Weil kein Thema zur Hand ist, das ausgereicht hätte, vier Seiten zu füllen.

Dieser Leidenschaft für Sprache und Ausdruck entspricht offensichtlich eine bestimmte Lust an Bühnenwirksamkeit. Mit 16 spielt Selma gern die große Dame, die schön gekleidet und mit einem hübschen Hut auf dem Kopf ausgeht. Und Felix, der vergötterte große Bruder, der Beschützer seiner kleinen Schwestern, die er »seine Murmeltiere« nennt, spielt bereitwillig mit, hält aber mit seinen Spötteleien nicht hinter dem Berg.

In der Stadt amüsiert man sich sehr über das Gehabe meiner Schwester bei ihren Einkäufen. Man sieht in ihr – so behauptet sie – eine junge Frau, die mit ihrem Mann ausgeht. Der Ehemann dabei ist Bibi. Sind zwei Sardellen zu besorgen, findet sie Mittel und Wege, das folgende Wunder zu vollbringen: bei Lokus in den Laden zu gehen, dort zwei kleine Kuchenteilchen zu essen, idem bei Lenz, dann Roquefort zu kaufen und zum Schluß die Sardellen zu vergessen. Daher sieht man uns, wenn ich, wie heute, das Glück habe, mit ihr spazieren zu gehen, x-mal durch die Huidevetterstraat, über die Meirbrug und den Schoenmarkt laufen, und da wir zudem noch ungefähr 50 Kameraden von mir begegnen, ist Mademoiselle am Jubeln.

Dann die Tragödie: Im November 1895 stirbt Felix mit 20 Jahren an Typhus. Die Familie Reinherz bleibt eine Weile in einem Hotel in Brüssel, kehrt nach Antwerpen zurück, kann das Haus nicht mehr ertragen und zieht aus.

Adolphe Reinherz, der alt und wortkarg geworden ist, wird über den Tod seines Sohnes nie hinwegkommen.

Im darauffolgenden Frühjahr geht Hermine mit Julie erneut auf Reisen, noch immer auf der Suche nach einem Ehemann. Die Ansprüche an den zu Hause gebliebenen Teil der Familie haben sich nicht geändert: vier Seiten! Die Korrespondenz innerhalb der Familie wird also auf schwarzgerändertem Kondolenzpapier weitergeführt, doch wird Felix nie mehr erwähnt.

Wir finden eine Selma wieder, die sich sehr große Mühe gibt, beruhigend auf ihre Mutter einzuwirken, eine redegewandte Selma, die Einzelheiten anhäuft, die die arme trauernde Mama vielleicht für Augenblicke zerstreuen können.

… als ich sah, daß mein Hut unter seiner Sommerfrische in Westerloo sehr gelitten hatte, habe ich die ganze Garnitur entfernt und mich der harten Aufgabe unterzogen, den Hut neu zu garnieren … Mit der Geduld, die Du ja an mir kennst, war ich sogleich in der schwärzesten Verzweiflung, und ich weinte zwischen den Tüll-, Gaze- und Spitzenstreifen wie Marius (wenn der es nicht war, dann ein anderer) auf den Trümmern von Karthago.

Ich war mit meiner Kopfbedeckung den ganzen gestrigen Nachmittag und Abend beschäftigt. Heute Vormittag habe ich, nachdem ich mich mit Papa unterhalten hatte, die Betten gemacht, Strümpfe gestopft, Knöpfe angenäht (so unwahrscheinlich es ist, es ist trotzdem die reine Wahrheit), und ich war bei meiner Unterrichtsstunde mit Miss Adams …

Einige Tage später: *Liebe Mama und liebe Juleke: Ich schufte wie ein Neger, im eigentlichen wie auch im übertragenen Sinne, denn ich bin schwarz vor Staub wie ein Bewohner Neuseelands …*

Heute habe ich Ordnung im Gewächshaus geschaffen, drei Körbe Wäsche durchgezählt, aufgeräumt, abgestaubt, die Zimmer im ersten Stock geschrubbt, – sage da noch, ich sei nicht dabei, eine mustergültige Hausfrau zu werden. Eine weitere Auszeichnung, die denen hinzuzufügen ist, die schon meine Brust zieren.

Darauf folgen fast immer große Liebesbekundungen:

… wenn eines Tages das Unwahrscheinliche wahr werden sollte und ich mich in ferner Zukunft verheiraten würde, könnte ich niemals für meinen Mann die leidenschaftliche Zärtlichkeit und das blinde Vertrauen aufbringen, das ich in Dich setze. Auf Wiedersehen, liebe, liebe Mama, ich umarme Dich abertausendmal.

Daraus spricht nun die wirkliche, die echte Selma. In ihrem ganzen Leben wird sie die große Spezialistin für Bekundungen ausschließlicher, leidenschaftlicher Zärtlichkeit und für Abertausende von Küssen sein. Sie richtet sie an ihre beiden Kinder, an ihren Mann, an mich.

Sobald sie verheiratet ist, wird Selma die von ihrer Mutter eingeführte Tradition weiter hochhalten. Die vier Weils schreiben sich ständig. Selma ist fast ebenso anspruchsvoll wie einst Hermine. Kaum hat sie einen Brief erhalten, ist schon ein weiterer vonnöten. Eines Tages wird Simone rebellisch: *In bezug auf mich gilt es vor allem einen Fehler nicht zu machen: zu glauben, ich sei ein allerliebster Schatz,* schreibt sie aus Italien (sie ist 28 oder 29 Jahre alt) als Antwort auf einen Brief, in dem Selma ihr sagte, sie wäre ein Schatz, wenn sie ihr sofort schreiben würde. Simone geht auf das Thema ein: *»In fünf Tagen sende ich drei Briefe und ein Telegramm. Das scheint mir mehr als ausreichend … Wenn es so weitergeht wird die Verpflichtung, so zu schreiben, mir das ganze Vergnügen an der Reise verderben.«*

Ich nun, ich war erstaunt und empörte mich als ich sieben oder acht Jahre alt war, weil Mimes Antworten auf meine Briefe unvermeidlich mit etwas endeten wie: »Es wäre so lieb, wenn Du uns schreiben würdest …“

Für ihre Tochter wird die kokette Selma, die mit 17 eine perfekte Hausfrau war, eine ganz andere Erziehungsweise vorsehen. Simone würde ihre Tage nicht damit verbringen, Hüte zu basteln. Selma will aus ihr eine Art Junge machen.

Ich tue meine Bestes, vertraut sie im Juni 1914 ihrer engen Freundin, Mademoiselle Chaintreuil, an, u*m bei Simone nicht etwa die Anmut des kleinen Mädchens, sondern die Geradheit der kleinen Buben zu fördern, selbst wenn das einem Brüskieren ähnlich sähe.!*

Denn sie verabscheut die kleinen Mädchen und ihre *kleinen Posen und Grimassen vor den Leuten.*

Oft hat man mir folgenden Vorfall erzählt, der in der Familie »der berühmte Besuch beim Schneider« hieß. Simone ist 15 Jahre alt. Selma und ihre Schwägerin gehen mit Simone und Raymonde, den beiden Kusinen, zum Schneider der Familie. Es kommt zur Anprobe von Röcken und Mänteln für die beiden jungen Mädchen. Simone läßt sich ankleiden, weigert sich aber, sich im Spiegel zu betrachten. Man bittet sie flehentlich, zumindest einen Blick in den Spiegel zu werfen, um zu sehen, ob sie mit der Arbeit des Schneiders zufrieden ist. Simone schaut hartnäckig beiseite.

– Mademoiselle ist voll und ganz mit ihrem Unterrichtsstoff beschäftigt, erläutert der Schneider höchst diplomatisch.

Hatte sie Angst davor, sich hübsch zu finden? Dachte sie schon, wie sie später in eines ihrer Hefte schrieb, daß ein hübsche Frau, die sich im Spiegel betrachtet, glauben könnte, daß sie einzig das ist?

Und was empfand Selma an jenem Nachmittag, Triumph oder Besorgnis? Hatte sie es wirklich so gewollt? Jedenfalls wünschte sie, daß ihre Tochter hübsch aussah. Ein Klassenfoto zeigt Simone mit knapp 13 Jahren in einem netten Kleid, mit wildem Haarschopf, dem aber ein guter Haarschnitt verpaßt worden war.

Welche Art von Mutter war demnach das Kuckucksei? Ich glaube, eine Mutter voller Widersprüche. Zuerst einmal war sie natürlich eine Wolfsmutter, die stolz und besorgt zugleich war und ihre Kinder nicht eine Sekunde lang aus den Augen ließ.

... mein großer Ehrgeiz, mein großer Wunsch hinsichtlich der Zukunft meiner Kinder ist weder, daß sie zu nützlichen Mitgliedern der Gesellschaft noch daß sie gut oder intelligent werden, sondern daß sie glücklich sind. Ich drücke mich zweifellos nicht ganz richtig aus, denn trotz allem gibt es im Grunde bei der Mutterliebe viel Egoismus. Es ist ein beinahe animalisches Bedürfnis, von seinen Jungen alles Leid abzuhalten!

André kommt ihr da sehr entgegen! Im Juni 1914 schreibt sie: *Bei André habe ich das deutliche Gefühl, daß man ihn beeinflussen, aber nicht lenken kann, dazu hat er eine zu ausgeprägte Persönlichkeit. Und zweifellos ist es nicht recht von mir, mir Sorgen zu machen, denn wenn er derzeit diese glückliche Natur hat, die ihn jeden Augenblick genießerisch auskosten läßt, gibt es keinen Grund, warum er nicht auch später glücklich sein sollte.*

Genießer also schon mit acht Jahren, mein Vater!

Und schon dabei, Mathematik zu treiben: *Seit diesem Sommer hat er eine wahre Leidenschaft für die Geometrie. Er hat sich ein Buch eines Großvetters geschnappt (Emile Borel, Geometrie), und mit wieviel Eifer und Freude er diesen Band studiert und Zeichnungen macht, kann ich Ihnen gar nicht beschreiben. Ich habe nicht den Mut, ihm dieses Vergnügen zu versagen, obwohl dieser Lernstoff sicherlich über sein Alter hinausgeht ...*, schreibt Selma im Dezember 1914.

André Weil

Simone dagegen macht ihr sehr zu schaffen. Im Juni 1914: *Nichts zu machen, solange ihre Bösartigkeit anhält, man kann weder vernünftig mit ihr reden noch sie mit liebevollen Worten beruhigen noch sie in strengem Ton zum Gehorchen bringen. Sicherlich habe ich sie zu sehr verwöhnt. Simonette ist ein echtes kleines Weib und versteht es wunderbar, ihren Charme wirken zu lassen, wenn es ihr beliebt.*

Selma scheint an sich selbst zu zweifeln. Es ist ihr noch nicht gelungen, aus Simone einen Jungen zu machen, und sie vermag genausowenig, aus ihr ein fügsames, echtes kleines Mädchen zu machen.

Im Juli 1914: *Ich verbringe meine Zeit damit, Simone davon abzuhalten, sich von jungen Leuten den Hof machen zu lassen! Sie hat viel Erfolg bei ihnen, und das gefällt ihr sehr, aber ich kann nicht mehr dulden, daß diese jungen Leute ihr schmeicheln und sie streicheln … Daher bin ich gezwungen, unausgesetzt auf diese vielversprechende kleine Kokette aufzupassen, die keine Gelegenheit zu Gesprächen mit ihren Verehrern ausläßt!*

Ist es nicht auffällig, daß in einem von Simones letzten Briefen an ihre Eltern, sie, die mit fünf Jahren »eine vielversprechende kleine Kokette« gewesen war, das Thema der unheilbringenden Verehrer wieder aufgreift? *Ich bitte Euch inständig, bewahrt sie vor dem Austausch eines Lächelns mit den Verehrern! Ich versichere Euch, daß sich ihr Charakter schon herausbildet. Dieses großartige kleine Wesen kann sich mit einem Schwenk durchaus zu einem herzlosen (und noch immer großartigen) Egoisten entwickeln. Diese Gedanken sind quälend, aber wir sind es ihr schuldig, uns nicht nur einfach an ihr zu erfreuen.*

Das großartige kleine Wesen, das war ich. Noch nicht einmal ein Jahr alt.

Simones Biographen haben es sich nicht entgehen lassen, Simones und Andrés üble Streiche zu beschreiben. Sie erbettelten sich Leckereien bei den Nachbarn, indem sie behaupteten zu verhungern, oder sie liefen mitten im Winter barfüßig in Sandalen herum, klapperten um die Wette mit den Zähnen, so daß die Passanten ihre Mutter beschimpften. Mime lachte viel über diese Streiche, sie lachte noch darüber, als sie sie mir ein halbes Jahrhundert später erzählt hat. Nun

Selma Weil

waren es, so scheint es mir, Streiche, die darauf abzielten, sie als Rabenmutter erscheinen zu lassen! Wurde sie von André und Simone als allzu vollkommen empfunden? Als erdrückend?

Wieviele Male habe ich nicht von André gehört, daß er nach Indien zum Unterrichten gegangen war, zum Teil auch weil er flüchten wollte! Und er fügte hinzu:

– Simone konnte nirgendwohin fliehen. Außer am Ende, selbstverständlich.

Meine Großmutter erweckte häufig den Eindruck, auf der Bühne zu stehen. Betrat sie ein Zimmer, füllte sie es mit ihrer Präsenz aus. Ging sie hinaus, erschien das Zimmer unversehens leer.

Was sie schrieb, hatte ebenfalls »etwas Theatralisches«. Man hätte genauso gut sagen können, daß sie eine »Zugabe bereit hielt«. Selma war in der Tat jemand, der stets ein wenig »hinzutat«, um sich besser der Rolle anzupassen, die sie im Augenblick gerade spielte.

Das ging bis in ihre Jugendzeit zurück. Im Mai 1896 schreibt die 17jährige Selma ihrer Mutter diesen wahrlich verblüffenden Brief:

Entgegen Deinen Befürchtungen benimmt sich Gertrud sehr gut, und ich verstehe mich sehr gut mit ihr, will sagen, daß sie die zwei bis drei Bemerkungen, die ich ihr im Verlauf eines Tages mache, mit dem Respekt entgegennimmt, der meinen Fähigkeiten und meiner unbestreitbaren Würde geschuldet ist. Ich glaube, daß Du im Hinblick auf sie völlig unbesorgt sein kannst und daß die Wahrnehmung meiner Aufgabe durch größtmögliche Ruhe zu kennzeichnen ist. Es würde mir genauso schwer fallen, gegenüber dem Gesinde einen verächtlichen Ton anzuschlagen, wie mit ihm von anderen Dingen als dem Speiseplan oder der auszuführenden Handarbeit zu sprechen. Ich verstehe nicht, daß man Bediensteten Einblick in Dinge, die einen persönlich angehen, gewährt, wie so viele es tun. Es wäre mir unmöglich, mit einem Kindermädchen eine Unterhaltung zu haben, und ich empfinde eine – vielleicht übertriebene – Abneigung gegenüber allen Personen dieses Berufsstandes.

Kann man sich eine abscheulichere Spießbürgerin vorstellen? Ist Selma aufrichtig? Übertreibt sie, um ihrer Mutter zu gefallen? (Ungefähr zur selben Zeit beklagt sie sich, daß sie nur ein Kuckucksei sei, das nie etwas Rechtes zustandebringe.) Schwerlich läßt sich glauben, daß es die gleiche Selma ist, die die *Internationale* in einem schicken Hotel spielt, dieselbe, die mit größtem Vergnügen zusieht, wie ihre Tochter, die, wiederum mit 16 Jahren, am Abend die Zimmermädchen im Garten des *Hôtel du Château* in Challes-les-Eaux zusammentrommelt und ihnen rät, sich gewerkschaftlich zusammenzuschließen! Die gleiche, die im Dezember 1931 von Le Puy aus voller Stolz an André, der damals Professor in Aligarh in Indien war, schreibt:

Und jetzt laß mich Dir die unwahrscheinliche Gaudi erzählen, die sich hier ereignet. Am vorigen Donnerstag sollte eine Abordnung von Arbeitslosen zum Bürgermeister gehen. Es gibt für die Arbeitslosen noch keine vom Stadtrat genehmigte Unterstützung. Alles was getan wurde, war, ihnen zu gestatten, Steine zu brechen, zu sechs Franken pro Kubikmeter. … Das spielt sich auf einem großen Platz vor dem Lyzeum ab … Alsbald beschloß die Trollin, wegen der Schüchternheit der Proletarier in diesem Räubernest von Pfaffen die Dinge selbst in die Hand zu nehmen. Sie schlug ihnen also vor, sie sollten sie in die Abordnung aufnehmen, was sie begeistert taten. […]. Der Inspecteur von Le Puy hat ihr den Polizeibericht über sie gezeigt. Alles, was sie getan hat, ist darin festgehalten. (Der Redakteur der einzigen nach links tendierenden Tageszeitung von Le Puy hat ihr gesagt, es gäbe zwei »Polizeispione« unter den Erwerbslosen, die schnurstracks zur Präfektur gelaufen sind, um alles zu berichten.) In diesem Bericht heißt es unter anderem, daß sie nach dem Ende der Sitzung des Gemeinderates die Getränke einiger Arbeitsloser in einem Café bezahlt hat, (das stimmt auch, es ist sogar anzunehmen, daß die Spione darunter waren, was besonders lustig ist), daß sie tags drauf zwei Arbeitslosen auf dem Platz vor dem Lyzeum die Hand gegeben hat, daß sie die Humanité in der Hand hielt usw. Auch von dem Verband der Eltern der Schülerinnen lag eine Beschwerde vor … Nun, Du siehst, daß Deine Soror Deine Glückwünsche wirklich verdient hat …

Selma ist jetzt in eine andere Rolle geschlüpft, in eine recht ruhmreiche Rolle, die einem geruhsamen Dasein nicht eben förderlich ist: die Rolle der Mutter einer Trollin, die Studienrätin und Gewerkschafterin geworden ist, die Mutter derjenigen, die die rechte Presse die

André Weil 1929

»rote Jungfrau« nennt, wobei sie die Worte gewisser Professoren von Simone an der *École normale* übernimmt.

Dennoch hat Selma, die gutbürgerliche Mutter, die Waffen noch nicht völlig gestreckt. Während desselben Aufenthaltes in Le Puy schreibt sie an Bernard: *Nein, siehst Du, ich glaube, daß sie nicht ehetauglich ist.* Das schreibt sie natürlich mit einem Lächeln, wie so viele Mütter. Simone ist noch nicht 23, sie hat noch die Zeit, »ehetauglich« zu werden, ihre Mutter glaubt noch daran …

Fast zur gleichen Zeit antwortet sie André, der verkündet hatte, daß er in Mathematik eine Entdeckung gemacht hat (nachdem sie Bernard eigens geschrieben hat, daß sie beim Erhalt dieser Nachricht vor Freude geweint hat): *Nichts in der Welt könnte mich mehr freuen als das, was Du auch sonst über Deine Arbeit berichtest, und auch ich beglückwünsche Dich aus tiefstem Herzen zu der »Geburt«, die du angekündigt hast … Was für ein tolles Gefühl muß es sein, etwas Neues zu finden!*

Was aber wünscht sie nun wirklich? Was will die Mutter der »roten Jungfrau« für ihre Kinder? Welche Grüße zum Jahreswechsel richtet sie im Dezember 1931 an ihren teuren, genialen »Jungen«, der vor seiner allzu vollkommenen Mutter bis nach Indien geflohen ist?

Mit Freude sehe ich das Jahr 1932 auf uns zukommen, wenn ich daran denke, daß es uns Dich zurückgeben wird. Nimm alle meine guten Wünsche, mein Lieber, Du weißt, daß Dein und Simones Glück unsere einzige Hoffnung und das einzige Ziel unseres Ehrgeizes sind.

Letztendlich ist es die Wolfsmutter, die sich immer wieder Bahn bricht und die Zeiten überdauert. Bis zum Ende. Die Wölfin, die selbst dann, als sie zur Mama der Heiligen geworden war, doch häufig aufseufzen sollte: *Es wäre mir so viel lieber gewesen, sie wäre glücklich geworden!*

Diese verheerten Gesichter

Simone, I love you!
Damit ging vor einigen Jahren eine Konferenz in New York zu Ende. Diese Tagung war erfüllt von feinfühlig erfaßten und interessanten Einblicken in den Lebensweg Simone Weils und schloß mit dieser Liebeserklärung, die durch eine lange – und, wenn ich mich recht entsinne, blutige – Schilderung der Niederkunft der heiligen Jungfrau mit Jesus angebahnt worden war.

Und für mich, meine liebe, (so schrieb man in der Familie, erinnere dich) geniale Tante, meine heilige Tante, gibt es Tage, viele Tage, an denen ich dich wahrlich nicht liebe.

Überleg dir mal ein wenig, welches Erbe du mir hinterlassen hast. Du hast mir eine zerstörte Familie, du hast mir die Tränen deiner Eltern – die ich selbstverständlich Mime und Biri nannte, so wie André und du auch immer –, du hast mir deine Eltern vermacht, die mich zum Teil großgezogen haben und bei denen ich immer nur verzweifelte Gesichter erlebt habe. Ein Lächeln habe ich ziemlich selten an ihnen gesehen, und wenn, war es ein trauriges Lächeln. Fast nie habe ich sie lachend erlebt, frei heraus lachend, vor Glück lachend.

Die »Quelle des Trostes«, die du ihnen hinterlassen hast, war noch ein Baby, das nicht die Kraft hatte, eine solche Verzweiflung zu tragen, dennoch habe ich anscheinend meine Pflichten als Trost spendendes Baby nach bestem Vermögen erfüllt. Woher ich das weiß? Hör einmal das an, was Mime ein Jahr nach deinem Tod sagte, oder vielmehr schrieb, zu einer Zeit also, als ich mit meinen Großeltern in der

Wohnung am Riverside Drive lebte, wo auch du gewohnt hast: *Ich tue alles, was ich kann, um vor ihr nicht zu weinen, doch wenn es mich packt, merkt sie es sofort und kommt angelaufen, um mich zu streicheln, und sagt »Du Liebes« mit einem so goldigen Lächeln, daß mir das Herz schmilzt, wenn ich sie anschaue.«*

Daran erinnere ich mich nicht.

Ich erinnere mich aber, und das ist eine meiner ersten Erinnerungen, an die Tränen, die in Biris Bart und von dort auf meine Stirn flossen.

Ich sitze auf seinem Schoß, wahrscheinlich sind wir in ihrer Wohnung in São Paulo, wo ich ebenfalls mit ihnen gelebt habe. Ich sitze auf Biris Schoß, und er zeigt mir ein papiernes Viereck, das etwas glänzt, auf dem ich ihn wiedererkenne, obwohl mir seine Haare und sein Bart zu dunkel erscheinen. Er sitzt auf einem Sessel in einem Garten und hält ein kleines, braungebranntes Mädchen auf seinem Schoß. Ganz genau so, wie er mich hält. Fröhlich rufe ich aus: »Das, das ist Biri!« Mein Großvater zeigt mit dem Finger auf das Foto und antwortet mir mit zitternder Stimme: »Und das da ist mein kleines Mädchen! Du gleichst ihm.« Ich spüre seinen tropfnassen Schnurrbart an meiner Wange. Ich denke: Aber nein, sein kleines Mädchen, das bin ich doch! Anfangs begreife ich nichts. Aber er zeigt mir dieses Foto oft, und bald sehe ich dann ein, daß ich eine Doppelgängerin habe und daß das Dasein dieser Doppelgängerin auf einem alten Bild mit vielen Eselsohren meinen Großvater zum Weinen bringt.

Damit er aufhörte zu weinen, brauchte ich nur zu ihm zu sagen: »Laß mich auf deinen Schoß raufspringen und sing mir *Hoppe, hoppe Reiter* vor!«

Seither sind viele Jahrzehnte vergangen, und doch bin ich noch immer im Innersten bestürzt, wenn ich Fotos von Mime und Biri auf ihren Pässen, auf ihren Visen und ihren Aufenthaltsgenehmigungen sehe, jene hilflosen, hohlen Gesichter alter Menschen. Grau, gleichsam blutleer, mit erschreckend glanzlosen Augen.

Diese beiden Alten schleppten sich dann von einem Kontinent zum andern, von Nord- nach Südamerika, von Brasilien in die Schweiz, von einem Ort, an dem sie nichts anzufangen wußten, zu einem

Bernard Weil mit Simone in Mayenne 1915/1916

anderen, an dem sie ebenso wenig anfangen konnten, es sei denn, sich um mich zu kümmern. Um mich, die ihnen ihre »Simonette« in Wirklichkeit nicht ersetzte.

Du hast mir jene verheerten Gesichter, all die Tränen und jene letzten Briefe hinterlassen, in denen sie mit dir wie mit einem vergötterten Kind reden. Dein Vater gibt dir die Zusammensetzung von Medikamenten gegen Migräne an und scherzt dabei, wie es seiner Gewohnheit entspricht: *Uns fehlt es an nichts, vor allem seit wir zwei viel Zaster verdienen. Was sagst du dazu? Ich als Professor oder Oberlehrer? Das ist doch die Höhe!* Deine Mutter sorgt sich und möchte gerne wissen, ob du an heißen Tagen richtig angezogen bist, und empfiehlt dir, dich ordentlich zu ernähren. Sie sprechen über mich, und du antwortest ihnen, daß es dir sehr gut geht und daß du liebend gerne noch mehr Einzelheiten über »Sylvie mit dem sonnigen Lächeln« bekämst. Und derweil bist du am Sterben, du läßt dich sterben …

Das ist anders, als wenn du sie gegen deinen Willen verlassen hättest. Als wenn du deportiert oder erschossen worden wärst. Die Trauer um eine Tochter, die es unbedingt darauf anlegte, sich zu zerstören, und der das gelungen ist, hat mit der üblichen Trauer nichts gemein!

Krieg, Flucht, Exil, die Ausrottung von 6 Millionen jüdischer Mitmenschen, darunter einiger sehr naher Verwandter, die mit dem Transport 67 am 3. Februar 1944 von Drancy nach Auschwitz gebracht worden waren – darüber sprachen sie kaum. Es war, als hätte die Trauer um eine ganze untergegangene Welt sich völlig in der Trauer um einen einzigen Menschen, der Trauer um dich, gebündelt und gesammelt.

Einen Monat vor deinem Tod schriebst du, allein deine Eltern könnten dich wieder »zusammenleimen«. Dein Tod hat deine Familie für immer auseinander gebrochen. Wir haben als Stücke gelebt, die nicht mehr miteinander verleimt waren.

Das Möbellager

Wenn meine Großeltern mit dem Abschreiben beschäftigt waren, begaben sich meine Eltern an einen Ort, der »das Möbellager« genannt wurde.

Das Wort tauchte häufig auf, es gehörte zum Familienvokabular. Ich höre noch, wie es von meinem Vater oder meiner Mutter ausgesprochen wurde. Mein Vater fragte: »Hast du heute vor, ins Möbellager zu gehen?« Meine Mutter berichtete: »Ich war heute Morgen kurz im Möbellager.« Mir schien das Möbellager ein Ort zu sein, an den sich die Erwachsenen öfter begaben, wie etwa zum Friseur oder zum Zahnarzt. Meine Mutter ging zu einer Freundin zum Tee oder zum Möbellager. Oder nacheinander zu beiden. Von dem, was es in einem Möbellager geben könnte, hatte ich keinerlei Vorstellung, denn die »Möbel« gingen in diesem zusammengesetzten Wort unter und verloren ihren konkreten und mir durchaus bekannten Sinn. Wenn wir in Paris waren, lebten wir in einer riesigen, tristen Wohnung, in der keine Möbel standen, und meine Eltern hielten sich zeitweilig an einem Ort auf, der »Möbellager« hieß. Was taten sie denn dort? Das blieb ein Geheimnis.

Was konnte es wohl in diesem Möbellager geben, da doch die Deutschen alles weggeschafft hatten? Ich habe es später erfahren: Bücher, Kleidungsstücke, ganz besonders die Garderobe, die André in Indien getragen hatte, wo er sich einen Spaß daraus gemacht hat, sich als junger Gentleman aus Kaschmir auszugeben, dann Reiseandenken, die, wie es sich zufällig ergab, in alten Koffern verstaut waren, sowie einige wertlose Möbel aus der Familie meiner Mutter. All dieses ziemlich enttäuschende Zeug hielt 1965 nach dem Tod Selmas seinen Einzug in die Rue Auguste-Comte.

Ich brauchte lange, um zu begreifen, daß meine Eltern auf eine endgültige Rückkehr nach Frankreich hofften, bei der die Sachen aus dem Möbellager ihren Platz in einer Wohnung in Paris oder Straßburg finden würden, die ihnen gehören sollte.

Zu einer solch endgültigen Rückkehr ist es nie gekommen.

Meinem Vater wurde Feigheit vorgeworfen, da er sich im September 1939 nicht mehr zum Militär gemeldet hat. Über Simone wurde geschrieben, daß sie die »Feigheit« ihres Bruders verstanden, ermutigt und unterstützt habe, obwohl sie sonst so versessen auf Opfer und Heldentum gewesen sei. Es war keine Feigheit. Was sie begriffen und unterstützt hat, war, daß André, wie sie auch, von einer Leidenschaft beseelt war, der Leidenschaft, das zu erfüllen, was er für seine Aufgabe auf Erden hielt. Man könnte dagegenhalten, daß die Mathematik für das Glück der Menschheit nicht ausschlaggebend ist und daß es zum Zeitpunkt, als Hitler zur Eroberung Frankreichs ansetzte, wichtigere Dinge gab. Auch dieser Standpunkt ist zu vertreten. André, der furchtbar kurzsichtig war, war überzeugt, daß er als Leutnant der Infanterie von sehr geringem, als Mathematiker jedoch von großem Nutzen sein würde. Simone, die genauso kurzsichtig war, war schon 1936 nach Spanien »in den Krieg gezogen« und hatte darauf gedrungen, ein Gewehr zu bekommen. (Ihre Kameraden verschanzten sich, wenn sie es hielt, denn da Simone nicht zielen konnte, war sie für sie weitaus gefährlicher als für den Feind.)

Simone hat mit ihrem Leben für ihr unsinniges und vergebliches Verlangen, mitzukämpfen und vor allem an den Leiden der Franzosen unter der deutschen Besatzung teilzuhaben, bezahlt.

André hat sein Leben lang für seinen im Augenblick der Kriegserklärung gefaßten, unbedachten Entschluß zahlen müssen, im Namen der Mathematik in Finnland zu bleiben. Nach der Befreiung Frankreichs dachte er selbstverständlich daran, zurückzukehren, um dort wieder eine Stellung an einer Universität zu übernehmen. Im Gespräch war das *Collège de France.* Die Rachsucht und Rivalitäten der Nachkriegszeit – einer Zeit, in der es an der Tagesordnung war, sich als heroischer auszugeben, als man gewesen war – brachten es mit sich, daß seine Rückkehr durch eine kleine Kabale von »rechtschaffenen » und »linientreuen« Akademikern mit Erfolg vereitelt wurde, trotz der Bemühungen mehrerer seiner Kollegen aus dem Bourbaki-Team, die sich wie wild für ihn ins Zeug gelegt hatten. (Ein großer französischer Mathematiker sollte bei Andrés Tod sagen, daß eine ganze Generation französischer Mathematiker auf diese Weise um einen ihrer größten Lehrmeister gebracht worden war.)

André verbrachte den Rest seines Lebens in Chicago, dann in Princeton in einer Art Exil, das er nicht aus freien Stücken gewählt hatte. Dieses gewiß komfortable, aber dennoch erzwungene Exil beeinträchtigte unser Familienleben während meiner gesamten Kindheit und noch weit darüber hinaus, denn wir führten ein in einzelne Abschnitte zerstückeltes Leben, in dem Abreisen, Heimkehr und vor allem lange Zeiten der Trennung einander ablösten.

André mochte Amerika, das Amerika aus dem *American Dream*, nicht besonders, trotz der ausgezeichneten Arbeitsbedingungen, die er dort vorgefunden hatte. Er konnte viele seiner französischen Kollegen nach Chicago einladen, und die damals erschienenen Bände der Bourbaki-Werke geben als Erscheinungsort »Nancago« an (für Nancy, wo mehrere Bourbaki-Mitglieder lehrten, und Chicago, wo sich André befand). Eine Zeitlang hatte er eine Rückkehr nach Frankreich für möglich gehalten und erhofft und dafür, so glaube ich, zunehmend mehr Schritte unternommen. Dann hat er als der Realist, der er war, darauf verzichtet. Ich habe ihn niemals klagen hören. Aber entgegen dem, was behauptet worden sein mag, hat er niemals die amerikanische Staatsangehörigkeit angenommen.

Gegen Ende seines Lebens hat er, mehr aus Zufall, einen Vetter wiedergefunden, den Enkel von Anna Sternberg, der Schwester Hermines. Die Begegnung habe ich organisiert; ich war es auch, die André zu dem Wiedersehen mit Otto gebracht hat, der unweit Philadelphia lebte. Die beiden Vettern waren ungefähr gleichaltrig. Dieses Wiedersehen von zwei Achtzigjährigen hatte selbstverständlich etwas Rührendes, und natürlich haben sie über den Krieg gesprochen. »Und du, wo warst du, wann bist du rausgekommen, wohin hat es dich zuerst verschlagen, wie hast du gelebt und überlebt?“

Aber als Vetter Otto meinen Vater fragte, ob er Amerikaner geworden wäre, in einem Ton, der keinerlei Zweifel daran erkennen ließ, in etwa so: »Und du bist selbstverständlich Amerikaner geworden?«, wirkte André überrascht. »Wozu denn? Ich bin Franzose«.

Vetter Otto lachte freundlich auf. »Stimmt, du bist Franzose. Aber ich bin Österreicher, Tscheche, Pole und Belgier gewesen. Nein, Franzose nicht. Aber mein Leben verdanke ich ihnen, den Franzosen.«

Die Geschichte von Vetter Otto: Sie hat sich 1942 in den Pyrenäen zugetragen.

Otto, seine Frau und ihre beiden Kinder hatten sich seit mehreren Tage in einer Scheune versteckt. Im Stockwerk unterm Dach. Der Bauer brachte ihnen zu essen und hielt sie über die Lage auf dem Laufenden. Noch einige Tage Geduld, und er könnte sie nach Spanien bringen lassen.

Eines Abends, sie waren gerade beim Einschlafen, hören sie ungewohnte Laute, die vom Haupthaus herüberkommen. Stimmen schwellen an und schreien. Der Bauer hat sich sicherlich besoffen. Dann wird alles ruhig. Beim Aufwachen schaut Otto durch eine Ritze zwischen zwei Brettern nach draußen. Der Bauernhof liegt auf einem Hügel, die Aussicht ist großartig. An diesem Morgen aber sieht er rund ein Dutzend Gendarmen, die von dem Bauern angeführt werden, ihnen folgt ein Kleinlaster. Sie bewegen sich geradewegs auf die Scheune zu.

Otto verständigt und warnt seine Frau. Der Bauer hat sie für Geld verraten. Deswegen hat er sich gestern betrunken. Sie drücken ihre Kinder an sich. Die Kinder sind groß genug, um zu begreifen und die Angst ihrer Eltern und deren Gewißheit zu teilen, daß – so Otto wörtlich – alles futsch ist. Sie klammern sich aneinander, umarmen sich und erleben ihre letzten Augenblicke in Freiheit. Der Trupp läuft um die Scheune herum und verschwindet, selbstverständlich geht er auf den Hof zu, von dort aus werden sie in die Scheune kommen. Von ihrem Versteck aus können Otto und seine Familie den Hof nicht einsehen, aber sie hören, wie der kleine Laster dreht und wendet. Eine geraume Zeit verstreicht. Von neuem brummt der Motor, und fast gleichzeitig sieht Otto durch den Bretterspalt den Bauern, die Gendarmen und den Kleinlaster wieder auftauchen und in dieser Reihenfolge den Weg den Hügel hinunter einschlagen.

Mehrere Stunden verstreichen. Auf dem Bauernhof herrscht absolute Stille. Otto und seine Frau stellen unablässig Vermutungen an und fragen sich, was sie tun sollen. Die Kinder sind hungrig und durstig. Endlich öffnet sich das Tor zu ihrer Scheune; ein Bauer, den sie nie zuvor gesehen haben, reicht ihnen etwas Proviant hinein und erklärt ihnen, daß gestern Abend der Bauer seine Frau im Bett mit einem anderen gefunden und beide getötet hat. Erschlagen und erstochen. Bevor er sich der Polizei stellte, ging er zu seinem Nachbarn, um Otto und seine Familie in seine Obhut zu geben.

Drei Tage später brachte sie der Nachbar über die spanische Grenze.

Nichts band Vetter Otto mehr an Europa. Er war Amerikaner geworden, ein Möbellager hat er nie gebraucht.

Jerusalem

Als André zum ersten Mal nach Israel, genauer gesagt, nach Jerusalem reiste, bekam er Kreislaufbeschwerden. Heftige Aufregung, die ihn nervlich fertig machte, und Wutausbrüche waren für ihn nichts Ungewohntes. Hier nun ging es jedoch um etwas mehr als nervliche Überlastung. Es handelte sich um einen plötzlichen Anstieg des Blutdrucks. Um einen wirklichen Schwindelanfall. Der Hotelarzt mußte gerufen werden.

Es war im September 1979. André, dem der Ricardo-Wolf-Preis zuerkannt worden war, entdeckte Jerusalem. Meine Mutter und ich begleiteten ihn.

Ließ sich dieser Anstieg des Blutdrucks dadurch erklären, daß er sich den Preis mit Jean Leray zu teilen hatte, einem renommierten französischen Mathematiker, der sich außerdem in den Nachkriegsjahren durch die Hartnäckigkeit hervorgetan hatte, mit der er »aus ethischen Gründen« verhinderte, daß André wieder einen Posten in Frankreich erhielt?

Wären André bei der Vorstellung die Nerven durchgegangen, in Jerusalem im Tandem mit seinem einstigen Gegner aufzutreten, wäre das schon in Paris passiert, denn er wußte dies seit der Ankündigung des Preises.

Der Wolf-Preis, der in diesem Jahr erst zum zweiten Mal verliehen wurde, war von Ricardo Wolf gestiftet worden, einem alten deutschen Juden, der vor dem ersten Weltkrieg schon Kubaner und zu einem engen Freund Fidel Castros geworden war, der ihn 1961 als Botschafter nach Tel Aviv entsandt und ihm dabei gestattet hatte, sein ungeheueres Vermögen mitzunehmen. Ricardo Wolf behielt seinen Posten als Botschafter Kubas bis 1973. Es war die Blütezeit der Zusammenarbeit zwischen Kuba und Israel auf dem Agrarsektor.

Wenn ich mich recht erinnere, scheint André die Nachricht, er würde sich in Gesellschaft von Jean Leray nach Jerusalem begeben, eher zum Lachen gebracht zu haben. Er hatte bemerkt, daß der Preis offenbar jeweils einem Tandem aus einem Juden und einem Nichtjuden zuerkannt wurde. Im Vorjahr war die Wahl bei Mathematik auf Carl Siegel und Izrail Gelfand gefallen.

– Ich bin Lerays Jude! gab André feierlich bekannt. Diese Vorstellung versetzte ihn in gute Laune.

Woher dann aber plötzlich der Bluthochdruck? War es die Erschütterung, sich im Heiligen Land zu befinden? Allerdings hatte mich André sechs Jahre zuvor, zum Zeitpunkt des Krieges, der als »Jom-Kippur-Krieg« bezeichnet worden ist, ungeheuer überrascht. Er war bei mir zu Hause in Vermont, wo ich unterrichtete, als ich per Telefon einen Aufruf vom *United Jewish Council* erhielt. Dieser forderte alle ihm erreichbaren Juden auf, Geld zur Unterstützung Israels zu schicken. Ich sagte einen bescheidenen Betrag zu, legte dann auf und erklärte André, worum es sich gehandelt hatte.

– Sieh an, du auch.

Dann gestand er mir, leicht beschämt, als wolle er sich dafür entschuldigen, daß er seinen Scheck schon abgesandt hatte, und fügte hinzu:

– Nicht weil ich die Juden besonders mag, oder annähme, daß es dem Staat Israel beschieden ist, sehr lange zu existieren, in Anbetracht der Einstellung seiner Nachbarn ihm gegenüber.

– Aber?

– Kein »aber«. Ich mag die Juden nicht besonders, aber noch weniger mag ich diejenigen, die sie ins Meer treiben wollen.

War es womöglich ergreifend für ihn, durch die engen Straßen der Heiligen Stadt zu laufen? Auf die Klagemauer zugehen und sie berühren zu können? Auf den ersten Blick war er weniger ergriffen als meine Mutter, die eiligst einen kleinen Zettel beschrieben und zwischen zwei Mauersteine geschoben hatte. Erst im Jahr darauf sollte sie mir kurz nach meiner Hochzeit mit Eric sagen, daß er genau derjenige war, um den sie auf ihrem Zettel gebeten hatte. Und auch mein Vater, den meine Schwester schon mit einem ersten jüdischen Schwiegersohn versehen hatte, verhehlte seine Zufriedenheit nicht, als ich ihm einen zweiten beschafft hatte. Der *Kotel* (die Klagemauer) hatte sich gefällig gezeigt und meinen Eltern auf den Tag genau ein Jahr, nachdem wir am Fuß dieser Mauer gestanden hatten, den erträumten *Jewish Doctor* beschert.

Während die Bitte meiner Mutter unter Tausenden anderer, sorgfältig zusammengerollter und in die Hohlräume zwischen den Steinen des Tempels des Herodes geschobener Gebete auf dem Weg zu ihrer Erfüllung war, liefen wir drei die Via Dolorosa hinan, und bei meinem Vater stellte sich das Talent zum Feilschen wieder ein, das er im Laufe seiner in Indien verbrachten Jahre erworben hatte. Er kaufte mir einen Teppich, den ich mir gewünscht hatte. Dieser Kauf war nicht in zehn Minuten zu tätigen. Rein in den Laden, raus aus dem Laden. Wir tranken Tee mit dem arabischen Händler, dann stellten der Händler und André wie es sich gehörte mehrmals die Männlichkeit des anderen und dessen Zugehörigkeit zum Menschengeschlecht in Frage. *What kind of a man are you?* erkundigten sie sich jeweils fröhlich. *What kind of a man?* – Was für ein Mann müssen Sie sein, um so um ein Geschenk für Ihre Tochter zu feilschen? *What kind of a man*, daß Sie versuchen, mir diesen Teppich um das Zehnfache zu teuer zu verkaufen?

Ich war voller Bewunderung. So hatte ich André nie erlebt.

Die Symptome des Bluthochdrucks, Kopfschmerzen und danach Schwindel, traten gegen Ende eines Sabbat-Tages auf. Den Nachmittag über waren wir in Jerusalem herumgeschlendert. Die feierliche Verleihung des Ricardo-Wolf-Preises sollte am nächsten Morgen in der *Knesset* stattfinden. Am Vormittag hatten wir belustigt zugesehen, wie Jean Leray in der Eingangshalle des Hotels hin und her schritt, dabei auf ein Blatt Papier blickte und anscheinend seine Rede bei der Entgegennahme und die Danksagung repetierte. André beabsichtigte, seiner Gewohnheit gemäß, aus dem Stehgreif einige Sätze zu sagen. Er bedauerte – und versäumte nicht, dies am nächsten Tag auszusprechen –, daß er diese wenigen Sätze nicht »in der schönen hebräischen Sprache« vortragen konnte.

Meine Eltern und ich spazierten also an einem schönen Sabbat-Tag im September durch die Straßen Jerusalems, als wir zufällig auf ein ungewöhnliches, zumindest ein für uns ungewöhnliches Schauspiel stießen. Wir waren auf einer Anhöhe angelangt, die den Blick auf eine der Hauptdurchgangsstraßen der Stadt freigab. Auf der Kuppe stand eine kleine Menge von Männern, Jugendlichen und kleineren Jungen, die alle in Schwarz gekleidet waren, schwarze Hüte oder ebenfalls schwarze Kippas trugen. Wir sahen sie nur von hinten und verstanden nicht gleich, was sie taten. Sie gestikulierten und sprachen sehr laut.

Wir gingen auf sie zu. Keiner von ihnen hat uns auch nur eines Blickes gewürdigt. Alle waren sie, Junge wie Alte, Kleine wie Große, eifrig dabei, die auf der Straße fahrenden Wagen mit Steinen zu bewerfen. Offensichtlich entheiligten die Fahrer dieser Wagen den Sabbat.

Ich sagte lachend zu André, daß mir Chauffeure mit Steinen zu bewerfen eine merkwürdige Art und Weise zu sein schien, den Sabbat in der Familie zu feiern.

Er lachte nicht. Er hatte sich bei meiner Mutter untergehakt.

– Nichts wie weg von hier, diese Leute erschrecken mich.

Unter seiner marineblauen Baskenmütze war André grünlich im Gesicht.

Sehr bald klagte er über starke Migräne. Wir gingen zurück ins Hotel. Wir warteten auf das Eintreffen des Arztes. Meine Mutter und ich waren beunruhigt.

Ausgestreckt auf seinem Bett, die Augen geschlossen, seufzte André unaufhörlich:

– Daß Juden so blödsinnig sein können! Daß Juden so blödsinnig sein können!

Eine marineblaue Baskenmütze

– Laß uns doch ins Bistro gehen und dort was zu uns nehmen, einverstanden? sagt mein Vater an einem glühend heißen Nachmittag, vor Hitze wollen sogar die Eßkastanien des Jardin du Luxembourg keine Kühle mehr spenden. Sie warten damit bis zum Abend.

Mein Vater reicht mir den Arm, er nimmt vielmehr den meinen, und wir gehen, langsamen Schrittes. Wir gehen, aber mir ist, als trüge ich ihn. Ich befördere auf diese Weise all das, was mich zu der gemacht hat, die ich bin. Mein Vater ist ein alter Schneck, der ein altes Schneckenhaus trägt, das das Geschick auch zu meinem Haus gemacht hat. Trotz der Wärme trägt der alte Schneck einen dunklen Regenmantel und eine marineblaue Baskenmütze. Auch meine Großeltern durchwanderten den *Jardin du Luxembourg* mit langsamen Schritten, in dunklen Regenmänteln und mit Baskenmütze.

Die Baskenmütze meines Vaters gleicht aufs Haar denen, die seine Mutter, sein Vater und seine Schwester getragen haben. Er setzt sie genauso auf wie sie. Ich besitze Fotos von allen vieren, vom Weil-Quartett aus sehr unterschiedlichen, aus glücklichen und unglücklichen Zeiten, aus den Ferien, aus dem Exil, auf denen alle zusammen oder nur zwei oder drei zu sehen sind, aber eine Konstante dabei ist: die Baskenmütze, die immer wieder bei zumindest einem der Weils auftaucht.

Zum Beispiel gibt es da ein hübsches Foto meiner Großmutter mit Simone in Sitges in Spanien, wohin sie in den Krieg gezogen war und nichts weiter fertig gebracht hatte, die Ärmste, als sich ein Bein

Simone Weil mit ihrer Mutter in Sitges 1936

zu verbrühen. Auf diesem Foto steckt Simone noch in der Uniform der Anarchistischen Milizen, trägt eine Mütze, und lächelt wie eine Halbwüchsige, die sich bestens amüsiert. Von allen Fotos, die ich von ihr habe, ist es dasjenige, auf dem sie sich am offensten fröhlich zeigt. Weil sie immerhin ja ein ganz klein wenig, knapp 14 Tage lang, im Krieg mitgekämpft hat? Oder ihre Eltern wiedergefunden hat? Sie sitzt auf einer niedrigen Mauer, vielmehr hockt sie oben drauf, und legt den Arm um Mime. Mime selber lehnt sich an ihre Tochter, sie wirkt ein wenig müde, aber strahlt vor Glück. Hat sie es doch geschafft, ihre Trollin, diese Törin, beinahe unversehrt aus dem Spanischen Bürgerkrieg herauszuholen! Mime trägt eine dunkle Baskenmütze, die sie tief in die Stirn gezogen hat.

In Marseille, in New York, in London hatte Simone immer eine marineblaue Baskenmütze auf. Ich stelle mir vor, daß sie von Zeit zu Zeit die alte gegen eine neue austauschte. Wo hat sie sich die beschafft? Meine Großmutter trug die gleiche, vielleicht kaufte sie sie en gros ein. Außerdem waren Mime und Simone immer gleich gekleidet, sie trugen Pullover, die Mime, die unablässig am Stricken war, gefertigt hatte. Später sollte sie für mich mehr Kleider stricken, als ich überhaupt anziehen konnte. Sie waren hübsch, aber in dunklen Farben gehalten. Dunkelbraun, Dunkelblau. Hellen Farben konnten die Weils nichts abgewinnen.

Während der Jahre, in denen mein Vater in Indien lehrte (von Januar 1930 bis Mai 1932), noch sehr jung und ein wenig dandyhaft war und sich gerne verkleidete, trug er exotische Kopfbedeckungen. Kurz nach seiner Rückkehr nach Frankreich muß er dann ebenfalls zur Baskenmütze übergegangen sein. Ich habe ein Briefchen wiedergefunden, das an seine Eltern gerichtet und auf August 1937 datiert ist. André ist auf einer Wanderung in Savoyen. Er schreibt: »Könntet Ihr mir auch meine Baskenmütze schicken, wenn Mutter weiß, wo sie ist?«

Ich kann also mit Gewißheit sagen, daß mein Vater mit 31 Jahren ebenfalls die Familienbaskenmütze trug!

Wir bestellen frisch gepreßten Zitronensaft. Er spricht mit mir über einen englischen Roman, den er gerade liest. Er ist alles, was mir von meiner Familie geblieben ist, er ist ein Konzentrat meiner Familie. Seine Augen ähneln immer mehr denen Selmas, noch mehr vielleicht der Blick, kurzsichtig, traurig und trotzdem scharf, ähnlich auch seine Art, ein jedes Wort sehr deutlich zu betonen. Sein etwas schiefes Lächeln mit dem einen hochgezogenen Mundwinkel. Genau wie das von Simone auf bestimmten Fotos. Den Knochenbau hat er von meinem Großvater. Der Nacken ist der meines Großvaters. Mit dem einzigen Unterschied, daß Biri am Hals eine Narbe von einem Furunkel hatte, der aufgeschnitten werden mußte. Meine Mutter sagte, daß beim Mann die schwächste Stelle der Nacken ist, das, was beim erwachsen gewordenen Mann von dem kleinen Jungen übrig bleibt. Ich betrachte den Nacken meines Vaters mit den Augen meiner Mutter. Jetzt, wo meine Mutter nicht mehr da ist, um ihn anzuschauen, ist der Nacken meines Vaters gleichsam ohne Verwendung.

Kinder laufen vorbei, sie wirbeln Staub auf. André sagt:

– Das geliebte Pony deines Sohnes hat sicherlich seit langem das Zeitliche gesegnet. Ich erinnere mich, daß es »Taquin« hieß.

Er sagt dies langsam, beinahe so, als sänge er eine sehr alte Weise. Er schließt mit einem Seufzer und einem sehnsüchtigen »Ach ja!«.

Mein Sohn lernte nur unter größten Schwierigkeiten laufen. Fast bis zum Alter von vier Jahren fiel er ständig hin und schluchzte, mehr vor Beschämung als vor Schmerzen. Dann schenkte André ihm Geld für Taquin. Er durfte in der Manege so viel reiten, wie er wollte. Wenn er voller Stolz auf seinem Pony saß, vergaß er seine Stürze. Mit etwa fünf Jahren lief er besser, aber Taquin liebte er noch immer! Mein Vater schloß mit ihm ein Geschäft ab: Er legte Münzen auf den Küchentisch, und alle, die mein Sohn richtig zusammenzählte, durfte er behalten. Das brachte ihm nochmals etliche Runden ein.

Auf Metallstühlen sitzend, trinken wir unseren Zitronensaft. Ich bin daheim, geborgen, denn mein Vater trägt uns, auch wenn er alt, schwach und grantelig ist, in diesem alten Schneckengehäuse, das ja unser Haus ist, mit. Uns alle: meine Großeltern sowie meine Tante und meine Mutter. Und auch meinen Sohn.

Unzerstörbar?

Eines Tages, Simone, als ich dich nicht ausstehen konnte, warum weiß ich nicht mehr, jedenfalls warst du an jenem Tag nicht schuld daran, es kommt vor, daß ich dich verabscheue, aus Dummheit, wegen eines allzu langen Gesprächs mit dem oder jenem unter deinen – männlichen und weiblichen – Bewunderern. Der eine wirft mir in aggressivem Ton vor, nicht genügend in dich verliebt, jawohl, dieses Wort fiel, verliebt zu sein, warum sollte ich denn in meine Tante verliebt sein, aber lassen wir das ... Die andere versucht, mich mit sich in die höchsten Himmelshöhen zu ziehen, weg von dem Schmutz hienieden, in das Himmelsblau, in dem sie in deiner Gesellschaft schwebt, du bist ja zum Meteor, zur Sternschnuppe, wozu auch immer verwandelt, die französische Sprache verfügt nicht über ausreichend strahlende, funkelnde Begriffe, um dich zu beschreiben, und dennoch brandet eine Wortflut, mit der es dennoch versucht werden soll, an meine schmerzenden Trommelfelle, mit durchsichtiger Klarheit, eine betörende Flamme ...

An einem Tag also, an dem ich dich nicht ausstehen konnte, begegnete ich einem Mann, der dich während des Krieges in London kennengelernt hatte. Und die Worte, die dieser Mann zu deiner Beschreibung verwandte, haben mich erschüttert. Er sprach weder von einem Kometen noch von blendender Klarheit, er sprach von einer kleinen, müden jungen Frau mit einer großen Baskenmütze: isoliert, den Blicken entzogen, ärmlich gekleidet, zurückgezogen, zurückhaltend und schweigsam.

Er beschrieb dich so gut, ohne hochtrabende Worte, aber mit einer solchen Genauigkeit, daß ich dich plötzlich in einer Ecke sitzend erblickt habe. Es war, glaube ich, bei einer Tagung in Oxford, als ich dich auf einem Stuhl sitzen sah, ganz vornübergebeugt (deine Weigerung, dich gerade zu halten, brachte deine Mutter zu der Zeit, als sie noch hoffte, dich verheiraten zu können, zur Verzweiflung). Dein plumper, überlanger Rock schleifte über den Fußboden, er wirkte lächerlich, selbst noch in dieser Kriegszeit, in der die jungen Frauen trotz allem bestrebt waren, hübsch auszusehen. Niemand sprach dich an, und du bliebst schweigsam.

Oh ja, von diesem Bild von dir war ich erschüttert, du arme kleine Schwester meines Vaters, der dich als »erstaunliches Phänomen« und als »Pilz auf Mutterboden« bezeichnet hatte, du, die vergötterte Tochter meiner Großeltern, ihr »lieber kleiner Spatz«, der damals jünger war, als es mein Sohn heute ist. Die »rote Jungfrau«, die sich zehn Jahre vorher einen solchen Spaß daraus gemacht hatte, in Le Puy mit den arbeitslosen Arbeitern zu demonstrieren, den Arbeitgebern und den braven Bürgern die Stirn zu bieten, die Behörden zu foppen und auf den Titelseiten der Zeitungen zu erscheinen (»Ein Fräulein Studienrätin vom Lyzeum wiegelt Arbeitslose in Le Puy auf«, las man im Januar 1932 in *La Croix*), befand sich nun in London – allein und überflüssig. Und verzehrte sich vor Trauer, weil man sich weigerte, sie mittels Fallschirm in Frankreich abzusetzen.

Diese so schwache, zarte »Trollin« wollte als Mann behandelt werden! Man sollte sie per Fallschirm in Frankreich absetzen! Du meine Güte! Hatte es ihr denn noch nicht gereicht, während des Bürgerkrieges in Spanien ein Bein in einen Kessel siedenden Öles zu tauchen? Schon damals hatte sie sich in den Kopf gesetzt, zu kämpfen, aber sie hatte ihren Gefährten beileibe nicht im Kampf beigestanden, sondern ihnen auf brillante Art das Leben schwer gemacht, nur um zuletzt zur tiefen, allseitigen Erleichterung von ihren Eltern herausgeholt zu werden. In England bereiteten sich die Männer durch körperliches Training auf einen Fallschirmeinsatz vor. Und Simone? Erhoffte sie sich einen sofortigen Tod, weil sie nicht wußte, wie ein Fallschirm

FRANCE COMBATTANTE

LAISSEZ-PASSER

No. 1663

Nom Mlle Weil

Prenoms Simone

Grade ou Profession Redactrice

Bureau ou Service C.N.I

Londres le 30 Mars 1943

Le Chef du Service de Sécurité

Simone Weil, London 1943

zu öffnen ist? Sie war nicht gerade für Ihre Geschicklichkeit in solchen Dingen bekannt. Zumindest wäre sie mit gebrochenen Beinen gelandet. Und danach? Danach? Nun, sie hatte einen fertigen Plan, jawohl: sich von den Deutschen gefangennehmen (unvermeidbar) und foltern zu lassen, um den mit ihr zusammen abgesetzten *Résistance*-Kämpfern die Zeit zu geben, von der Bildfläche zu verschwinden.

Gewiß hatte sie geschrieben: *Ich fühle, daß es für mich notwendig ist, daß es mir vorgeschrieben ist, einsam zu bleiben, eine Fremde und Verbannte hinsichtlich jedes beliebigen menschlichen Milieus ohne Ausnahme*, doch jetzt starb die arme Trollin an ihrer Verzweiflung, daß niemand ihren Plan ernst genommen hatte. Für die, die sie liebten, kam es selbstverständlich nicht in Betracht, ihrem Hunger nach dem Martyrium stattzugeben. Und die anderen interessierten sich für diesen Plan nicht. Mag sein, daß sie weniger an der Tuberkulose als daran zerbrochen ist. Vielleicht hätten sie, einmal mehr, ihre Eltern retten können. Aber diese waren weit weg. Sie schoben meinen Kinderwagen im Riverside-Park in New York und warteten auf Simones Briefe aus London, die voll von tröstlichen Lügen waren.

Dieses für mich neue Bild einer zurückgezogenen, einsamen Simone, die von den Menschen, zu denen sie unbedingt stoßen wollte, abgewiesen oder zumindest nicht zur Kenntnis genommen worden war, hat mich bis ins Mark getroffen. Mein Vater schrieb einmal, daß der Tod seiner Schwester ihn überrascht hatte, da er sie stets für unzerstörbar gehalten habe. Noch viele Jahre nach ihrem Tod fuhr er beharrlich fort, uns, seinen Töchtern, dieses Bild von Simone zu vermitteln, denn in seiner Erinnerung blieb seine Schwester, die Trollin, sein »Pilz auf Mutterboden« unzerstörbar, obschon sie seit langem zugrunde gegangen war.

Diese junge Frau nun, die ärmlich gekleidet war, ihre sonderbare Baskenmütze aufgesetzt hatte und ihre Tage allein in einem Büro mit dem Abfassen von Berichten zubrachte – man hatte sie mit schriftlichen Ausarbeitungen betraut, um sie zu beschäftigen, weil man anscheinend nicht recht wußte, was man mit ihr anfangen sollte; was die Berichte anbelangt, so sollte sie dort ihre letzten Texte verfassen, die zu den vollendetsten und inspiriertesten gehören –, diese Trollin in ihrer Verlassenheit hat mich erschüttert, zählt diese Trollin doch trotz allem zu den Meinen.

Dennoch gibt es ein *Post-Scriptum*:

Schau, Simone, der Mann, der dich Ende 1942 in London getroffen hatte, hat mir versichert, daß Ihr von den Razzien, den Deportationen und von den jüdischen Kindern und Säuglingen wußtet, die ihren Müttern »unter unmenschlichen Bedingungen« (ich zitiere ein Communiqué der BBC aus jenem Jahr) entrissen und dann in Lager nach Pithiviers und nach Drancy gebracht wurden. Und von Drancy aus … Wenn Ihr demnach auf dem Laufenden wart, warum, warum nur hast du aus der Tiefe deiner eigenen Verzweiflung, aus der allein deine Eltern dich hätten herausholen können, das schreibst du ja selbst, warum hast du dann nicht einen Gedanken auf all diese vor Entsetzen halb wahnsinnigen jüdischen Kleinkinder, die so grausam von ihren Müttern getrennt worden waren, verwandt, sie jedenfalls nicht ein Mal mit einem Wort erwähnt?

Japanische Nippsachen

Was die Japaner anpacken, machen sie gut, und das Fotoalbum ist dick. Mit seinem Einband aus crèmefarbenem, mit goldenen Arabesken verziertem Lederimitat könnte man es eigentlich für ein Hochzeitsalbum halten. Für das Album meiner Hochzeit mit meinem Vater in Japan!

Auf der ganzen ersten Seite des Albums: André, als Brustbild aufgenommen, ganz steif und im Smoking. Er hatte sich damit begnügt, die Jacke überzuziehen, da es nur darum ging, seine obere Körperhälfte unsterblich zu machen. Auf seiner Brust prangt die soeben erhaltene Medaille, ein Riesending in Gold, das an einem breiten blauen Band an seinem Hals hängt, wie bei prämierten Tieren auf einer landwirtschaftlichen Auktion. Die Medaille ist mit dicken Edelsteinen besetzt, mit synthetischen Smaragden, Saphiren und Rubinen, synthetischen und nicht etwa falschen. Das sei nicht dasselbe, haben mir diejenigen, die ihm die Medaille zuerkannt haben, genau erklärt. Es sind echte Edelsteine, die in ihren Laboratorien von langer Hand vorbereitet worden und ausgereift sind. Auf diese geschliffenen Edelsteine durfte man stolz sein. »Ihr Vater kann stolz sein« sagten sie mir.

Auf dem Foto wirkt er gar nicht stolz. Mit seinem schiefen Lächeln hat er eher das kummervolle Aussehen eines Menschen, der vom Wege abgekommen ist.

In einem alten Viertel von Kyoto laufen ein greiser Vater und seine Tochter langsam durch eine schmale, dunkle, von niedrigen Bauten gesäumte Straße, deren Fenster, wenn es denn welche gibt, wohl zur anderen Seite hin liegen. Sie haben unauffällig das luxuriöse Hotel, in dem sie untergebracht sind, verlassen und folgen eine kleine Weile einer breiten Avenue, um sich dann nach rechts zu wenden, gemäß den Hinweisen der jungen Rezeptionistin auf ihrer Etage, die nach langem Zögern, zahlreichen Verneigungen und einem Lachen, das hinter der Hand verborgen wurde, erteilt worden waren: Das Restaurant am anderen Flussufer, in das sie sie schickt, ist eines berühmten Mathematikers nicht würdig, der nach Japan eingeladen wurde, um dort einen der angesehensten Preise, den Kyoto-Preis, entgegenzunehmen.

Es wäre jedoch schwierig geworden, der jungen Frau zu erklären, daß sie einige Tage im voraus von Tokio aus angereist sind und daß ihre Gastgeber noch nicht für ihre Mahlzeiten aufkommen würden. Könnte sie verstehen, daß der *Sensei*, der berühmte Mathematiker, dessen Brust sehr bald eine herrliche goldene Medaille zieren würde, nicht die unerhört hohen Geldbeträge in der Tasche hat, die für ein Abendessen mit seiner Tochter in einem der Hotelrestaurants notwendig gewesen wären?

Die junge Empfangsdame weiß ja nicht, daß der cholerische *Sensei*, kaum daß er die lachsfarbene, marmorne Eingangshalle des Hotels betreten hatte, eine fürchterliche Szene gemacht und losgebrüllt hat, es käme für ihn nicht in Frage, auch nur eine Stunde in einem Etablissement für neureiche *Businessmen* zu bleiben. Seine Tochter mußte erst erklären, daß es ihr jedenfalls Spaß mache, in einem gewöhnlichen, sehr teuren Hotel zu logieren, damit er sich beruhigte und das Dutzend aufgeregter Personen, die am Telefon klebten und vergeblich nach Lösungen suchten, einstimmig vor Erleichterung aufseufzen konnten.

Demnach erübrigte es sich wohl, der jungen Empfangsdame auseinanderzusetzen, daß die Familie Weil traditionsgemäß Luxushotels verschmähte und ihnen volkstümliche Gaststätten vorzog!

Die Straße, die sie jetzt entlanggehen – es ist eher eine Allee denn eine Straße – liegt verlassen da. Da ist einzig dieser uralte Vater, der sich auf den Arm seiner Tochter stützt.

Wenn mir das Wort »aufstützen« einfällt, spüre ich den Arm meines Vaters unter meinem. Die Wärme und die Behaglichkeit von Vertrautem. Vertrautem? Als ich jung war, habe ich meinem Vater bei Spaziergängen nie den Arm gereicht. Diese Aufgabe erfüllte meine Mutter. Sie aber liegt nun schon seit Jahren weit entfernt von Japan unter einer japanischen Kirsche begraben. Ich mußte ihren Platz einnehmen. Eine unumgängliche, sogar sehr notwendige Stellvertretung, die allerdings keineswegs angenehm ist, worauf mich mein Vater in ziemlich gereiztem Ton mehrmals hingewiesen hat. Heute Abend indessen läßt das Wort »aufgestützt« in einer dunklen Straße von Kyoto nur Gutes in der Erinnerung aufsteigen. Wir laufen gemächlich. André erklärt mir, daß die roten Laternen, die hier und da einen fröhlichen Klecks in die Szene bringen und bei mir den Eindruck erwecken, ich spazierte in den Kulissen eines japanischen Films umher, anzeigten, daß das Haus ein »Love-Hotel« ist. Kein eigentliches Stundenhotel, sondern eher ein Ort, an dem für eine Stunde oder eine Nacht die Paare zueinander finden können, die sich mit Wohnungen begnügen müssen, in denen sie nicht nur mit ihren Kindern, sondern auch mit ihren alten Eltern zusammengepfercht leben. Mein Vater kennt Japan seit langem. Er erklärt, ich höre ihm zu und fühle mich in Sicherheit. Nicht entwurzelt und verloren in einer fremden Stadt, die tausende Meilen von meinem Zuhause entfernt liegt, sondern im Gegenteil, an einem vertrauten Ort verankert, einem Ort, an dem ich einen Teil meiner Kindheit verbracht habe, in dem Japan aus den Erzählungen Andrés. Wie siamesische Schildkröten, die von weit her gekommen sind und sich den gleichen alten Panzer teilen, laufen wir in aller Ruhe durch eine dunkle, etwas geheimnisvolle kleine Straße in dem imaginären Lande Japan.

Sehr bald erreichen wir ein Flüßchen, wir überqueren eine Brücke, die roten Laternen spiegeln sich in dem fast schwarzen Wasser und kündigen das Restaurant an. Feuchtigkeit steigt hoch und hüllt uns in einen leichten Nebel, wir geraten ganz bestimmt immer tiefer in einen Film von Misogushi, und schon sind wir im Innersten eines Traumes mit sanft leuchtenden, hübschen Laternen.

In dem bescheidenen, »preisgünstigen« Restaurant, das uns die junge Dame an der Rezeption genannt hat, können wir uns gerade eben eine ziemlich farblose Suppe leisten, in der zwei Garnelen zwischen einigen Kohlblättern herumschwimmen. Meinem Vater behilflich sein, sich auf den Fußboden zu setzen, und mit dem Finger auf das Gericht auf einem Nachbartisch zeigen, das wir bestellen möchten. Stumm und der Sprache unkundig lächle ich, verneige mich mehrmals. Mein Lächeln und meine Verneigungen ärgern den berühmten Mathematiker. Ich gebe ihm zu bedenken, daß mir gar nichts anderes übrig bleibt, wenn wir an einem Ort essen wollen, wo niemand eine uns bekannte Sprache spricht. Er sieht dies mit einem Achselzucken ein. Nach dem Abendessen muß er hochgehoben, hochgehievt, hochgezogen und wieder auf seine Füße gestellt werden. Mehrere Männer schauen uns zu. Keiner von ihnen käme auf die Idee, mir dabei zu helfen.

Etwas später dann der Rückweg, kleine Schritte wie bei alten Leuten, die untergehakt laufen. Lustig ist dieser Spaziergang nicht, unser Gespräch fließt nicht munter dahin, aber wir haben gegessen, die Luft erscheint milder und die Allee weniger trist. Die Laternen der »Love-Hotels« grüßen uns wie Freundinnen und sind Ortungspunkte im Nebel, der jetzt alles ausfüllt. Hier die erste, die zweite und schließlich, ein wenig heller als die anderen, die dritte. Wir werden bald angelangt sein. Unter meinem Arm der Arm meines Vaters. Sicherheit, Frieden, André und ich teilen einen japanischen Traum miteinander.

Plötzlich und ohne das geringste Zutun meines Willens taucht das Wort »angeklammert« auf und ersetzt das Wort »aufgestützt.« Sogleich verkrampft sich meine schmerzende Schulter und sträubt sich gegen die ihr aufgezwungene Anstrengung. Auf meinem Arm spüre ich das ganze Gewicht meines Vaters, die ganze Schwere seiner Verzweiflung. Ich schleppe meinen uralten Vater durch eine menschenleere, düstere, todtraurige Allee in einem imaginären Land, in einem Traum, der droht, sich in einen Alptraum zu verkehren.

Japan ist ein imaginäres Land, ein Land, das für meine Schwester und mich aus Erzählungen entstanden ist. Die Japanerinnen im Kimono, die ihren Mund hinter ihrem Fächer verbergen und immer vor dem Hintergrund blühender Kirschbäume fotografiert werden, sind in unseren Augen genau solche mythischen Gestalten wie die römischen Matronen oder die griechischen Damen aus unseren Sagen- und Legendenbüchern. Der Kimono ist mit dem Peplos gleichzusetzen. Die Geschenke, die uns der Vater während seines ersten langen Aufenthalts in Japan (er war allein dort) geschickt hat – Püppchen ohne Arme und Beine, die sogenannten *Kokeshis*, winzige, mit fremdartigen Stoffen beklebte Schachteln, Kimonos, deren breite Schärpen das Atmen behindern, und Sandalen, mit denen man höchstens drei Schritte machen kann, und vor allen Dingen zwei Masken, zwei Frauengesichter, die weiß und glatt sind und deren Lippen sich zu einem blutroten Lächeln breitziehen und dabei eine Reihe prächtiger rabenschwarzer Zähne freilegen – bestärken uns durch ihre Fremdartigkeit nur in unserer Gewißheit, daß es dieses Land gar nicht gibt.

Eines schönen Tages hält eine Person, die tatsächlich und leibhaftig zu existieren scheint, ihren Einzug in die Briefe meines Vaters. Es handelt sich um eine gewisse »Momoko-san«, eine der jungen Hostessen, die für einen Mathematikkongreß angestellt worden waren. Von diesem Neuankömmling ist unsere Mutter nicht entzückt. Doch wir Töchter haben sie sofort bei uns aufgenommen. Wir stellen uns unseren Vater in Gesellschaft eines jungen Mädchens mit weiß geschminktem Gesicht vor, das mit all seinen schwarz angemalten Zähnen lächelt. Auf unseren Sandalen herumstelzend und in unsere farbenprächtigen Kimonos gekleidet sind wir Momoko-san.

Als mein Vater endlich wieder erscheint, ist er zum Japaner geworden. Er nimmt siedend heiße Bäder und reibt sich dann mit einem langen, schmalen, wie ein Schal aussehenden Tuch ab, das dünn wie ein Taschentuch ist. Er bringt es vorübergehend fertig, uns zum Verzicht auf unsere breiten Frottee-Handtücher, die so wohlig und behaglich sind, zu überreden.. Er zwingt uns, mit Stäbchen zu essen.

Eines Tages versucht er sogar uns beizubringen, wie man sich verneigt. Er macht es uns großartig vor, wir aber lachen so sehr, daß unsere Verneigungen eher mißraten. Er erzählt uns, daß die Japaner am Telefon nicht mit »Hallo« antworten, sondern so schnell wie möglich ein »Mushi mashi!« hineinsprechen. Begeistert über die seltsamen Silben zwitschern wir sie bis zum Geht-nicht mehr. Wenn das Telefon läutet, stürzen wir darauf zu, und wer von uns beiden den Apparat zuerst erreicht, schreit hinein: »Mush'mashi! Mush'mashi!« Am anderen Ende der Leitung sind die Kollegen meines Vaters, seine Freunde, alles vernünftige Erwachsene, verdutzt. Und mokieren sich. Finden, wie seien schlecht erzogen. Was uns völlig egal ist. Wir machen Verneigungen, wir essen mit Stäbchen, wir heißen Momoko-san, und wir sind Japanerinnen, Bürgerinnen eines imaginären Landes.

Und nun also sind mein Vater und ich an einem grauen, milden Herbstnachmittag in Tokio gelandet, im Land der weißen Masken mit den schwarzen Zähnen, im imaginären Land. Viele Jahre sind verstrichen, jetzt geht es um einen uralten Vater und dessen Tochter, die längst den Kinderschuhen entwachsen ist.

Und nichts Kindliches mehr an sich hat und sich doch noch wundert – wie widersinnig das ist, ist ihr klar –, daß sie ganz normal und nicht mit gesenktem Kopf herumlaufen. Sie ist erstaunt, daß ihr Koffer weder Form noch Gewicht verändert hat. Sie staunt schließlich, daß sie in einen Wagen steigt, der völlig demjenigen gleicht, der sie am Vortag am Startflughafen abgesetzt hat. Der wolkenverhangene Himmel, die schütteren Bäume entlang der Autobahn, die Staus, das alles ist keineswegs fremdartig.

Auch die Stimme meines Vaters ist gleichgeblieben, ist autoritär, ungeduldig: »Gib mir die Hand, ich kann nichts sehen … wie soll ich denn mit meinen schlechten Augen …«

Hatte ich denn angenommen, daß André Weil, der weltweit fast ebenso für seine Ungeduld wie für sein mathematisches Genie berühmt ist, zu einem geduldigen Menschen würde, sobald er in Japan wäre? Und sich weniger beschweren würde? Hatte ich gemeint, er würde besser sehen können?

Im Hotel, einer Pension für Intellektuelle im Universitätsviertel von Tokio, in der eine besondere Klimaanlage anscheinend eine die Gehirntätigkeit stark anregende Luft verbreitet, wartet eine kleine Menschenansammlung seit Stunden auf uns: Ein uralter Mathematiker, ein langjähriger Freund meines Vaters, mehrere jüngere Professoren und etliche Studenten. Letztere sind ergriffen und sich selbstverständlich der Ehre bewußt, den berühmten Professor willkommen zu heißen, den *Sensei*, der ein ehrwürdiges Alter erreicht und sich nach Japan begeben hat, um dort den angesehensten japanischen Preis entgegenzunehmen. Es blieb ihnen auch keine andere Wahl. Alle, die Alten und die Jungen, die für diesen ersten Empfang aufgeboten wurden, sind mit Geschenken beladen.

Ich bedanke mich, ich lächele, mir ist sehr daran gelegen, daß meine Dankesbezeugungen den Erwartungen entsprechen. Ich möchte eine Höflichkeit an den Tag legen, die der unserer Gastgeber in nichts nachsteht. Ich möchte ebenso anmutig sein wie die jungen Frauen, die mir lächelnd hübsche Pakete hinreichen. Ich senke erst einmal den Kopf, den Kopf einer Europäerin, die ihren guten Willen ausdrücken möchte. Dann lasse ich mich nach und nach mitreißen. Verneigen wirkt ansteckend. Wider Willen mache ich ansatzweise eine Verneigung, eine noch nicht ausgereifte Verneigung. Mir ist bewußt, daß ich steif und ungeschickt bin und mich zweifelsohne lächerlich mache.

In meinen Wunsch, die Kunst des Verneigens zu lernen, mischt sich plötzlich das Bedauern, daß ich kein kräftiges, glattes Haar habe. Mit meinem Krauskopf komme ich mir ein wenig zottelig vor.

Ich wünsche mir so sehr, daß mein Vater mein Bestreben begriffe und mit mir zusammen arbeitete, um denjenigen, die uns diesen Empfang bereiten, eine ebenso glatt polierte Außenseite zu zeigen wie ihre eigene.

Japan ist ein Land, in dem man seine Gefühle versteckt, erzählte er uns nach seinem ersten Aufenthalt, bei dem er ein Japaner geworden ist. So kann man sagen: Ich konnte gestern Abend zu unserer Verabredung nicht kommen, weil meine Mutter gestorben ist, und diese

Worte gehen dann einher mit einem Lächeln, genauer, mit einem leicht verlegenen Lachen.

Mein Vater machte die Stimme, den Ausdruck, die angedeutete Verneigung und vor allem das verlegene Lächeln wunderbar nach. Es geht dabei darum, erklärte er uns, den anderen nicht in eine unbehagliche Stimmung zu versetzen, ihm nicht den eigenen Kummer aufzubürden. Deshalb also: Meine Mutter ist gestorben, und dann das kurze Lachen. Es tut mir leid, daß ich Sie beinahe in Unbehagen versetzt habe.

Wir waren fasziniert, und unsere Vorstellungskraft begann zu arbeiten. Wir stellten uns das Land vor, in dem man Traurigkeit hinter einem Lachen verbirgt, selbst wenn das Lachen verlegen klingt.

Und nun, wo wir in Japan sind, hätte ich mir gewünscht, daß mein Vater nochmals zum Japaner würde. Daß er sich an die tote Mutter und das verlegene Lachen erinnerte. Aber seit geraumer Zeit spielt er nicht mehr. Er ist alt, Japaner will er nicht mehr sein. Er verneigt sich nicht einmal andeutungsweise. Eine Andeutung würde in Anbetracht seines hohen Alters reichen. Aber nein. Er deutet überhaupt nichts an. Er verspürt nicht den geringsten Wunsch, höflich oder entgegenkommend zu sein. Ihm ist es völlig gleichgültig, ob die anderen sich wohl fühlen oder nicht. Er erklärt, das Hotel sei scheußlich und dieser Haufen Geschenke würde uns unnötig belasten.

Ich hätte ihn gerne zur Liebenswürdigkeit gezwungen. Ich schäme mich meines Vaters, der sich nicht japanisch geben will. Ich spüre Verantwortung. Eine nicht mehr ganz junge Dame in dunklem Kimono sagt mir zwischen zwei tiefen Verneigungen, lächelnd, so als mache sie mir ein Kompliment: »Dieser Aufenthalt wird für Sie sehr anstrengend werden.« Ich verneige mich. Ich erwidere ihr Lächeln. Ich glaube, daß ich soeben das Verneigen aus Solidarität entdeckt habe. Sicher ein Kunstgriff unter Frauen.

Es bedarf einer 30jährigen Lehrzeit, um Meister im *Bunraku*-Marionettenspiel zu werden. 10 Jahre um zu lernen, wie die Füße gelenkt werden, 10 Jahre für die linke Hand, 10 Jahre für den Kopf und die rechte Hand.

Ich aber mußte improvisieren. Die Marionette, deren reibungsloses Spiel ich während dieser Reise zu gewährleisten hatte, ist kein junges Mädchen mit einer unglücklichen Liebe, mit zartem Hals und feingliedrigen, aus den weiten Ärmeln eines großartigen Kimonos hervorlugenden Fingern, die mit ihren winzigsten Gesten den abgestumpftesten Zuschauern Tränen entreißt, und auch kein schöner, mutiger Samurai, der sich, getragen von der liebevollen Sorgfalt der drei Marionettenspieler und begleitet von der herzzerreißenden Weise der Musikanten und dem Schluchzen des Publikums, langsam auf seinen Selbstmord vorbereitet

Meine Marionette stellt einen alten, nach Japan eingeladenen Hochschullehrer dar, der dort einen Preis erhalten soll, der für ihn zu spät kommt, da ja seine Gefährtin unter einer japanischen Kirsche begraben liegt und er jetzt allein ist, allein, traurig und alt.

Allerdings trägt er den Kopf hoch. Aber sein Gesicht hat bei weitem nicht immer den wünschenswerten Ausdruck. Ich sähe bei ihm gerne den gelassenen Ausdruck eines alten Weisen, der voller Güte und Nachsicht ist.

Der gelassene und gütige alte Weise ist eine andere Marionette. Nicht die meine. Meine Marionette macht meiner Meinung nach allzu oft ein ärgerliches, ungeduldiges, unglückliches oder verzweifeltes Gesicht.

Mit allen Kräften ziehe ich an den Fäden des Lächelns. Ich kämpfe gegen die Verzweiflung meiner Marionette.

Meine Marionette spottet meiner Bemühungen. Übrigens ist sie nicht wehrlos und läßt kaum einmal eine Gelegenheit aus, schlecht mit mir umzugehen und mich daran zu erinnern, daß sie die Hauptrolle spielt. So sagt sie mir zum Beispiel: »Ich weise dich darauf hin, daß es nicht deine Talente sind, die dir je eine solche Einladung verschaffen werden.«

Sie hält ebenfalls wunderbare Überraschungen für mich bereit und verwandelt sich, wenn es nötig wird, in einen schönen, genialen Professor, der selbstverständlich sein Thema, daneben aber auch seine Stimme, seinen Blick und eine jede seiner Bewegungen vollkommen beherrscht.

Die Hände sind jung und voll Lebenskraft, die Finger hält er ein wenig gespreizt, der Blick ist kurzsichtig, aber scharf, die Gesichtszüge klar und hell, die Stimme sicher, die Sätze sind genau und gut gebaut und werden in leicht ironischem Ton vorgetragen.

Mir ist, als sei ich nochmals 14. Meine Augen und Ohren lassen sich nichts, rein gar nichts entgehen, und ich bin unbändig stolz auf meinen Vater, den berühmten Mathematiker, wie er da vor einem Saal voller Leute spricht, die ein jedes seiner Worte fieberhaft mitschreiben.

Als ich 14 Jahre alt war, nahmen diese Augenblicke kein Ende. Mein Part dabei war der einer hingerissenen Zuschauerin. Ich konnte nicht wissen, daß ich eines Tages zur Marionettenspielerin werden würde. Jetzt zittere ich vor Angst, daß meine Marionette unversehens zusammenbricht, schlaff und ohne Knochengerüst in diesem tadellosen Tweedanzug hängt, den ich sie kurz zuvor habe anziehen lassen. Ich brauche mich nicht zu ängstigen. Mein Vater sackt nicht in sich zusammen. Mehrere Stunden lang vergißt er, daß er alt und daß ihm das ein Graus ist.

André, der auf die Klassiker versessen war, spielte früher wunderbar die Eigenbrötler, zum größten Ergötzen seiner Frau und seiner Töchter. Aber die Gestalt des mürrischen Alten, die sich in den Komödien von Molière und den Possen von Plautus so gut macht, paßt nicht in das Schauspiel, bei dem wir eingeladen wurden, mitzuspielen. Nicht eine Hagestolz-Marionette aus der Komödie, frisch eingekleidet und fertig für die Aufführung, sollte ich bis nach Japan bringen, sondern eine Berühmter-Hochschullehrer-Marionette.

Ich nehme diesen Auftrag sehr ernst, da es um eine riesige, prächtige Aufführung geht, die im Land der Masken und des Lächelns, das die zu verbergenden Gefühle überdeckt, steigen soll.

Meine Aufgabe nehme ich um so ernster, als uns gegenüber, wie ein fast stummes Konterfei, denn wir wechseln kaum ein Wort miteinander, ein Gigant des japanischen Kinos und seine Tochter uns das Bild dessen zuspielen, was eigentlich erwartet wurde. Auch dieser Vater wird eine mit Rubinen und Smaragden besetzte Goldmedaille erhalten. Dieser Vater ähnelt seiner Tochter ebenso sehr wie mein Vater mir. Sie sind um einen guten Kopf größer als wir, genauso glatt, wie wir runzlig sind, halten sich gerade, sind imposant wie Statuen und bewegen sich ungezwungen, da, wo wir stolpern. Das unergründliche, hochmütige Lächeln der Tochter über einem leuchtend rosafarbenen Kostüm folgt mir, spottet meiner und erdrückt mich. Löscht mich aus.

Daraufhin ziehe und zerre ich an den Fäden meiner Marionette, an den Fäden für das Lächeln, das die Gefühle verbergen soll. Ich gönne mir keine Verschnaufpause, denn die Vorstellung geht unaufhörlich weiter, mit wenigen Pausen. Bei Tisch tastet mein Vater herum, tief über seinen Teller gebeugt. Ich neige mich vor zu ihm, steuere seine Blindenstäbchen und fordere ihn dabei *sotto voce* auf, sich gegenüber unseren Gastgebern mit den Samurai-Masken liebenswürdig zu geben. André beklagt sich bei mir in Französisch, daß es nichts zu essen gebe und ob dieses verdammte Essen denn nicht bald zu Ende sei, ich übersetze ins Englische: »Mein Vater ist begeistert, er findet dieses Abendessen köstlich.«

Als unsere Gastgeber ihn dann gegen seinen Willen in einen Rollstuhl drücken, da sie zu Recht befürchten, er laufe zu langsam, als daß der Besuch irgendeines Palastes in der vorgegebenen Zeit abgewickelt werden könnte, renne ich neben dem Rollstuhl her, den ein junger Mann mit heiterer Maske rasch schiebt. Die Räder knirschen auf dem Kies. Um uns herum läuft und lacht ein jeder, fotografiert ein jeder. Die Fotos werden in den Tageszeitungen erscheinen, dann in den Alben und in den Büchern. Es ist nicht so wichtig, wie ich viel später einsehen werde, daß der von weit her gekommene *Sensei* von seinem Rollstuhl aus wütend erklärt, daß dieser Besuch überhaupt nicht interessant und dieser Palast ein dreckiger, vulgärer Bau sei, der überhaupt noch nicht lange stehe. Wichtig ist nur, daß der Besuch stattfindet. Doch das weiß ich da noch nicht. Ganz außer Atem verdrehe ich mir das Kreuz und den Hals, um mich weiter über ihn beugen zu können, renne dabei und vergesse nicht einen Augenblick lang, den

Kameras mein entzückte-Touristin-Lächeln zuzusenden und zische meinem Vater ins Ohr: »Lächele trotzdem, tu wenigstens so!«

Und in diesem Augenblick lächelt er, lächelt boshaft. Er sagt mir, daß mein mechanisches Lächeln perfekt zu dem der Japaner paßt. Und ich, ich würde ihm rundweg das wütende, wilde Gesicht der Wächtergottheiten von Nara vorziehen, mit den ungeheuren, vor Zorn gesträubten Augenbrauen, ihren Flüche ausstoßenden Mündern. Oder sogar die vor Grauen verzerrten Züge eines berühmten *Kabuki*-Schauspielers, der einen nicht minder berühmten Jäger spielt, der am Fuße des Fuji wahnsinnig wurde. Selbst wenn mein Vater weder ein Jäger ist, der am Fuße des Fuji dem Wahnsinn verfällt, noch ein Wächter eines Tempels von Nara, so gibt es zumindest achtunggebietende Vorbilder, japanische Vorbilder. Schließlich lehnt er ja das Gefühle verdeckende Lächeln ab.

Die Feierlichkeit zur Preisverleihung ist ein großes, sehr kompliziertes, minutiös geregeltes Spektakel. Eine Unzahl von Personen belebt die Bühne: Botschafter, Dolmetscher, Gruppen von kleinen Mädchen im Kimono, die auf den Augenblick warten, da sie singen und danach den drei Preisträgern dicke, mit bunten Fäden bestickte Kugeln überreichen sollen, dann mehrere Reihen japanischer Würdenträger, deren Rolle darin besteht, mit geschlossenen Fäusten, steif auf ihren Stühlen sitzend und den Hals völlig gerade haltend zu schlafen.

Die Schläfer im Smoking, die in einer Reihe nebeneinander auf ihren Stühlen sitzen, sind große Marionetten, die niemandem die geringste Anstrengung abverlangen. Sie sprechen nicht, sie singen nicht, es reichte, sie auf die Stühle zu setzen, wo sie schlafen, ohne überhaupt den Kopf zu senken. Vor den Reihen der Würdenträger ziehen zwei herrliche, anmutige, lange und feingliedrige Marionetten alle Blicke auf sich: Es sind zwei kaiserliche Hoheiten, ein Prinz und seine Gemahlin, Gestalten aus dem Märchen, die, ewig jung und schön, elegant und lächelnd, da auf weißen Sesseln sitzen.

Jeder freie Raum auf der Bühne wird von einer weiblichen Gestalt eingenommen, die in einen Kimono in prachtvollen Farben gekleidet ist. Ich vermute, daß der Regisseur helle, fröhliche Tupfer unter die Menge schwarzer Smokings streuen wollte.

Für die Feierlichkeit mußte ich meine alte Marionette anderen anvertrauen. Ich sitze im Saal, ins Publikum verbannt. Den alten Giganten der Mathematik sollen andere auf die Bühne begleiten. Sie werden ihn zu einem Stuhl zwischen den beiden anderen Giganten, dem Großmeister des japanischen Films und einem amerikanischen Wissenschaftler, führen. Mein Vater ist ein kleiner, hagerer Gigant, der in seiner Verlorenheit Mitleid erweckt. Später, wenn die Reihe an ihm ist, den Preis entgegenzunehmen, wird man ihn führen müssen.

Die beiden anderen Preisträger benehmen sich formvollendet. Der Japaner, groß gewachsen, ziemlich vierschrötig, mit unbeweglicher Maske, übt die Kunst der Verneigens mit strengem, edlem Stolz aus. Der Amerikaner, ein Hühne von festem Körperbau mit Schmerbauch, zeigt eine blühende, rosige, aber ernste Maske: die Maske eines Mannes, der überzeugt ist, daß die ihm zuteil werdende Auszeichnung gerade mal an seine Meriten heranreicht.

Mein Vater ist unter ihnen derjenige, dessen obere Gesichtshälfte hinter riesigen dunklen Brillengläsern verschwindet, die man irgendwo aus den Kulissen hervorgeholt hat, denn die grelle Beleuchtung, die notwendig ist, damit die Fotografen die Feierlichkeit für die Ewigkeit festhalten, macht ihn verrückt. Selbst hinter seinen dunklen Brillengläsern ist sein Gesicht nackt. Die Mundpartie verzerrt vor Anspannung und Müdigkeit. Das Gesicht eines Wundgescheuerten. Eher gemartert als belohnt.

Ich finde indes, daß irgend jemand in diesem Land der Masken für ihn eine Maske hätte hervorkramen sollen, irgendeine, die Wahl stand frei. Die Maske eines Preisträgers mit zufriedenem Lächeln, eine Maske mit einem unergründlichen Lächeln, die Maske eines brutalen, hochmütigen Samurais oder auch die eines Greises aus dem Nô-Theater mit einem langen, weißen, seidigen Bart und tief gefurchten Zügen, in die sich eine edle Traurigkeit eingegraben hat. Die

Maske des *Kushijyo*, jenes Phantoms, das sich als alter, runzliger Mann mit todtraurigen Augen und weinerlich verzogenem Mund, dessen Winkel zum kleinen Kinnbart aus Roßhaar hinunter gezogen sind, verkleidet hatte, wäre, glaube ich, für die Situation wie auch für die gebrechliche Gestalt meines Vaters besonders passend gewesen.

Oder aber, wenn nichts anderes aufzutreiben wäre, eine Dämonenmaske, in kräftigem Rot oder vergoldet, mit furchtbaren Augen, mit Hörnern und einem grinsenden Mund. Alles, nur nicht diesen gänzlichen Mangel an Anstand, meinen Vater als einzigen mit nacktem Gesicht auf der Bühne erscheinen zu lassen. Im dem Augenblick, in dem er seinen Preis entgegennimmt, senkt der alte, berühmte Mathematiker, der von weit her kam, sein von den dunklen Brillengläsern fast verdecktes Gesicht ganz leicht mit der Resignation eines Menschen, der sich vor dem Schicksal beugt. Es ist das Gesicht des wundgescheuerten Menschen.

Dieses Foto tut mir weh.

Ich glaube, es ist an der Zeit, den »Giganten des japanischen Kinos«, einen Giganten in jeder Beziehung, beim Namen zu nennen. Es war niemand anderes als Akira Kurosawa. Er und mein Vater standen sich bei einem Empfang zufällig gegenüber. André war aufrichtig erfreut, demjenigen zu begegnen, dem die Welt *Rashomon* und *Die sieben Samurai* verdankt. Akira Kurosawa beugte sich zu meinem Vater hinunter. Dieser hob den Kopf und sagte ihm mit leisem, bescheidenem, doch verschwörerischem Lächeln (es handelte sich schließlich um das Gespräch zwischen Giganten, und die Fotografen, die ihre Kameras auf sie gerichtet hielten, täuschten sich darin nicht):

– Ich bin Ihnen gegenüber sehr im Vorteil. Ich kann Ihr Werk lieben und bewundern, und Sie können meine Arbeit weder lieben noch bewundern.

Manch einer hat darin ein zweischneidiges Kompliment sehen wollen. Was beileibe nicht in Andrés Absicht lag.

Nach Abschluß der verschiedenen Veranstaltungen und Feierlichkeiten wurden die drei Kyotopreisträger nach Tokio zurückgebracht, um dort dem Kaiser vorgestellt zu werden. An einem herrlichen Herbstmorgen versammelten wir uns in einem Hotelsalon und warteten auf die Taxen, die uns zum kaiserlichen Palast fahren sollten. André langweilte sich und fand die Stille belastend. Er saß auf einem Sofa neben Kurosawa. Er wandte sich zu ihm und fragte ihn:

– Liebt der Kaiser Ihre Filme?

Kurzes Schweigen. Dann:

– Seine Majestät ist ein großer Kaiser.

Und der Gigant des japanischen Kinos verneigte sich leicht, so als wolle er seiner Antwort mehr Ernst verleihen.

Der Besuch im Palast hatte selbstverständlich einem strengen Protokoll zu folgen. Die drei Preisträger sollten in einen schönen großen Saal geführt werden, in dem man drei kleine Kabinen, die Wahlkabinen glichen, aufgestellt hatte. Die Preisträger wurden aufgefordert, Platz zu nehmen und dann zu warten, jeder jeweils in einer kleinen Kabine. Kaiser und Kaiserin würden sich danach für kurze Zeit jedem Preisträger gegenüber setzen und Glückwünsche aussprechen. Nur die Gattin des amerikanischen Giganten sollte mit ihrem Mann in der Wahlkabine bleiben. Die Tochter Kurosawas und ich würden, nachdem wir unsere berühmten Väter bis zum Eingang des großen Saales begleitet hatten, in einem Vorzimmer eingeschlossen werden.

Eine Stunde später wartete vor dem Tor des kaiserlichen Palastes eine Reportermeute darauf, daß die drei Kyotopreisträger herausträten. Die Kameras klickten, die Fragen prasselten auf sie nieder. Am nächsten Tag erschien das amtliche Protokoll: Der freundschaftliche Empfang durch den Kaiser und die Kaiserin hat die Preisträger zutiefst beeindruckt, und dieser Moment wird für sie ein unvergeßliches Erlebnis bleiben.

Auf der letzten Albumseite das Preisträger-Trio. Alle drei posieren im Smoking, und ihre Brust ziert die dicke Goldmedaille, die an ihrem Hals hängt. Die Hände der drei liegen wie aufeinander gestapelt vor ihnen, d.h. vor dem alten, runzligen Zwerg, der zwischen den beiden vor Lebenskraft und Gesundheit strotzenden Giganten sitzt, dem

Giganten des japanischen Films, der die Lippen zu einer irgendwie belustigten und leicht verächtlichen Schnute fältelt, und dem rosigen, schmerbäuchigen amerikanischen Wissenschaftler mit dem zufriedenen, breiten Lächeln. Zwischen die beiden gequetscht, lacht mein Vater, dieser alte Zwerg, offen heraus. Er hat es fertig gebracht, seine linke Hand aus dem vor ihm befindlichen Händestapel herauszuziehen. Eine feste, lebendige Hand mit leicht gespreizten Fingern. Letzten Endes brauchte er keine Maske. Er ist frei.

Angeschwindelt

In der Familie redeten alle über Simones Gutgläubigkeit. Dieses Gesprächsthema tauchte immer wieder und ziemlich häufig auf.

– Die arme Simone hat man angeschwindelt und hereingelegt.

Wie oft habe ich als Kind und als ich schon größer war von meiner Mutter und von Simones Vettern und Kusinen gehört, wie Selma ihrer Tochter das allerfeinste Rindsfilet vorsetzte und ihr dabei versicherte, daß es die billigsten Stücke seien: Sie habe, sagte sie, das genommen, was die Frauen einkauften, denen man ansah, daß sie die Ehefrauen von Arbeitern oder sogar von Arbeitslosen waren. Wie sie ihr makellose, in einem Delikatessengeschäft gekaufte Birnen vorgelegt hat (Simone weigerte sich, Obst zu essen, das auch nur ganz wenige schlechte Stellen hatte, was sie anekelte) und ohne mit der Wimper zu zucken behauptete, das seien Birnen, die am gleichen Morgen für einen Pfifferling auf dem Markt verkauft wurden …

Um ihre Tochter, die *Agrégée* in Philosophie, aber auch von dem Drang besessen war, wie die Allerunglücklichsten zu leben, davon zu überzeugen, versicherte sie, mit sehr bescheiden wirkenden Hausfrauen Schlange gestanden und gesehen zu haben, daß sie die gleichen Trauben und den gleichen Spargel wie sie gekauft hätten. Es hätte nicht viel gefehlt und sie hätte ihr geschworen, daß sie sie aus dem Abfall herausgeholt hätte. Alles Märchen …

– Selma machte ihrer Tochter weis, daß das Filet mignon Katzenfutter gewesen sei, wurde wiederholt im Familienkreis berichtet.

– Und Simone ist nie der geringste Zweifel gekommen! riefen alle miteinander.

Natürlich sprach man über diese Dinge nicht im Beisein meiner Großeltern.

Mit elf oder zwölf Jahren bekam ich erstmals ein wenig Taschengeld. Ich sparte es, und sobald ich einen Geldschein hatte, versteckte ich ihn in einem Buch. Überraschte Ausrufe in der Familie: Sie macht das genau wie Simone! Aber man hat mich sofort wissen lassen, daß meine Geldscheine nicht nachwachsen würden. Auf diese Weise habe ich erfahren, daß Simone ihr Geld stets in einem Buch aufbewahrte. Wann immer sie etwas aus ihrem Versteck hervorholte, um Geld an die Arbeitslosenhilfsfonds in ganz Frankreich zu schicken, ersetzte ihre Mutter heimlich die Geldscheine. War sie selbst nicht vor Ort, beauftragte sie jemand anders damit.

Später, als ich Mutter geworden war, habe ich mir gesagt, daß Mime und Biri wollten, daß ihre Tochter, ihre »unvernünftige Trollin«, um meine Großmutter zu zitieren, von Zeit zu Zeit etwas Anständiges zu essen bekam. Wer hätte sie deswegen tadeln können?

Meine Mutter erzählte gerne mit einer Prise belustigter Rachsucht – aber Rachsucht war es schon – daß Simone, die gerade nicht in Paris war, ihre Eltern gebeten hatte, einen Mann zu beherbergen, der soeben aus dem Gefängnis gekommen war (die Geschichte gibt nicht an, warum er eingesessen hatte). Meine Großeltern hatten ihn in dem Apartment meiner Eltern untergebracht, die in den Urlaub gefahren waren. Nächstenliebe ist ja gut und recht, sagte meine Mutter, aber warum hat man diesem Mann mein Zimmer und nicht das von Simone gegeben?

Bei ihrer Rückkehr entdeckten meine Eltern, daß ihr Gast in seinem Köfferchen eine ganze Menge ihrer Sachen hatte mitgehen lassen. Meine Mutter erzählte noch viele Jahre später, daß Simones Schützling ihr sogar die Pantoffeln, wunderschöne Pantoffeln, ein Geschenk meines Vaters, gestohlen hatte.

– Ein hübsches Geschenk für seine Busenfreundin, schloß meine Mutter mit ironischem Grinsen daraus und fügte hinzu, daß meine Großmutter, bei der sie sich beschwerte, ihr erwidert hatte:

– Ich werde alles, was er Ihnen entwendet hat, ersetzen, aber vor allem, sagen Sie Simone nichts davon, das würde ihr allzuviel Kummer bereiten.

Ein gutes Beispiel für die Art, wie sie belogen wurde, lautete der Familienkommentar.

Sie schätzte die Menschen nicht richtig ein, sie sah sie nicht so, wie sie waren, räumte mein Vater ein, der bei Auseinandersetzungen seine Schwester stets verteidigte.

Ich dagegen war mir überhaupt nicht sicher, ob es Simone Kummer gemacht hätte. Sie war sicherlich der Meinung, daß ein Typ, der gerade aus dem Gefängnis kam, durchaus das Recht hatte, einige Hemden und sogar ein Paar Pantoffel zu stibitzen. Jedenfalls befaßte sich Simone in ihrem Denken nicht damit, wie die Menschen nun einmal sind, und an Pantoffel dachte sie erst recht nicht.

In meiner ganzen Jugendzeit schwang ich wie ein Pendel hin und her zwischen dem Standpunkt des gesunden Menschenverstandes, des Alltäglichen, so wie es nun einmal ist, – dem Alltäglichen, dem ich durchaus viel abgewinnen konnte – und dem Standpunkt von Simone, die, ihrem Programm getreu, geradewegs aufs Ganze ging, ohne ihre Zeit mit Gedanken an Pantoffeln zu vertun oder sich die Leute, Gemüse und Fleisch aus nächster Nähe zu besehen.

Weil »das Leben« mich interessierte, stand ich das eine Mal auf der Seite jener, die meinten, daß es Simone nicht geschadet hätte, etwas von der Realität kennenzulernen, und daß ihre Eltern gar nicht gut daran taten, sie mit einem Kokon aus Lügen zu umgeben; das andere Mal wechselte ich als Heranwachsende, die von Heldentum und hehren Abenteuern träumte und sich gegen den schrecklichen, verächtlichen, kleinbürgerlichen gesunden Menschenverstand auflehnte, den meine Mutter oder die Kusinen verkörperten, auf Simones Seite, die einer grundverschiedenen Spezies angehörte!

Wäre denn eine Simone, die man nicht beschwindelt hätte, anders gewesen?

Tsedaka

Eines Abends, als in New York ein Schneesturm tobte und ich von meinen Vorlesungen nach Hause ging, kam auf dem Broadway ein Bettler auf mich zu. Wenn es nachts sehr stark schneit, spielen einem die Lampen dieser breiten Straßen seltsame Streiche, und jemand, der aus der Dunkelheit hervortritt, sieht aus wie ein Gespenst. So hatte sich also plötzlich vor mir ein riesiges Gespenst aufgebaut, das in eine dreckige, graue Decke gewickelt war, ein Gespenst mit tiefschwarzem, von einem Heiligenschein in Weiß umrahmtem Gesicht, denn sein Haar, das zu einer Unmenge von *Dreadlocks* verflochten war, bedeckte eine dicke Schneeschicht.

Er pöbelte mich auf eine nicht gerade freundschaftliche Art an, etwa so: »*Hey Lady*, wenn man sich einen Nerzmantel leisten kann, verweigert man einem armen Kerl, der im Freien schläft, doch nicht ein bißchen Kleingeld!«

Ich antwortete ihm, daß ich ihm natürlich etwas geben würde, daß ich ihn aber gerne wissen ließe, daß mein Mantel aus Kunstpelz sei und daß ich ihn auf dem Flohmarkt erstanden hätte. Er schien sich zu wundern.

– Ach so, das ist kein echter Nerz?

– Nein. Ich bin kein Mensch, der einen Nerzmantel trägt. Ist nicht meine Art, und ich kann es mir auch nicht leisten.

– Und der ist so warm wie ein Nerz?

Ich habe gelacht.

– Das weiß ich nicht, da ich nie einen getragen habe, ich glaube es aber nicht. Der Wind geht hindurch. Bei einem echten Pelz kann ich mir das nicht vorstellen. Außerdem ist das Fell etwas klebrig, der Schnee setzt sich darin fest, und dann wird er sehr schwer.

In diesem Augenblick sagte ich mir, Sylvie, merkst du nicht, daß du dabei bist, über die Qualität deines Mantels mit einem Mann zu diskutieren, der, in eine alte Decke eingerollt, auf der Straße schläft?

Er jedoch schien aufrichtig interessiert zu sein.

– Jedenfalls ist der Mantel da wirklich toll nachgemacht. Ich hab ihn für einen Nerz gehalten.

– Wenn man näher hinschaut, sieht man sofort, daß es nicht so ist. Reines Synthetik!

Ich hatte meine Handtasche geöffnet und, während ich noch sprach, meinen Geldbeutel herausgenommen. Mein Gespenst hieß mich mit einer Bewegung innehalten.

– Das Gespräch reicht schon. Vielen Dank.

Ich drängte ein wenig, aber er schüttelte den Kopf und verschwand in der weißlichen Düsternis. Ich habe ihn ein- oder zweimal wiedergesehen, danach muß er sein Revier gewechselt haben.

Ich erzähle diese Geschichte, weil sie mir lieb geworden ist. Ich habe nicht die Absicht, sie mit Bedeutung zu überfrachten, sie steht aber in einem gewissen Zusammenhang mit dem, was folgt.

Der Leser wird bemerkt haben, daß bei den Schilderungen von Simones Vorfahren oft die Rede von Nächstenliebe und Mildtätigkeit war. Ihre Ur-Ur-Ur-Großmutter, Frau Barasch, stand in einem solch großen Ruf der Nächstenliebe, daß er sogar einem gefürchteten Räuber zu Ohren gekommen war!

Wenn demnach Simone als junge Studienrätin in Le Puy ihr Gehalt auf den Tresen in dem Café legte, in dem die Arbeitslosen verkehrten, damit sie sich je nach Bedarf davon nahmen – ein Bild meiner Tante, das mich als Gymnasiastin begeisterte, – trat sie vielleicht nur auf ihre Weise in die Fußstapfen unserer so sehr um die *Tsedaka* bemühten Vorfahren!

Es wird sich keine Erzählung, kein Roman, kein Reisebericht und kein Briefwechsel, in denen das Leben der Juden allerorts und zu allen Zeiten beschrieben wird, finden lassen, in denen nicht die Rede von *Tsedaka* wäre. *Tsedaka* bedeutet Nächstenliebe und Mildtätigkeit, aber der *Baal-tsedek* ist der Gerechte. Es ist das gleiche Wort. Liebe zum Nächsten ist eine Form von Gerechtigkeit, eine bestimmte Art, das Gleichgewicht wiederherzustellen.

Das Evangelium macht keinerlei Unterschied zwischen der Nächstenliebe und der Gerechtigkeit, schreibt Simone. Und fügt sofort hinzu: Auch in den Augen der Griechen war die Ehrfurcht vor dem bittflehenden Zeus die erste Pflicht der Gerechtigkeit.

Nun waren die Verfasser der Evangelien zwar nicht alle Juden, aber sie lebten zumindest inmitten der jüdischen Welt! Das allerdings will Simone, ihrer Gewohnheit gemäß (da sie mit einer seltenen Beharrlichkeit jede Kontinuität zwischen Judentum und Christentum leugnete), lieber nicht wahrhaben!

Und schon wage ich mich an ein wirklich sehr kompliziertes Thema. Ich bin weder Talmud-Gelehrte, noch Philosophin, und eine Heilige bin ich schon gar nicht, und dennoch werde ich, da ich nun einmal von meiner Tante spreche, nicht umhin können, mich zur Nächstenliebe zu äußern, die für sie eine Obsession war.

Die Erzählungen der osteuropäischen Juden sind überreich an großartigen Beispielen für die *Tsedaka.* Da geht ein Rabbiner des Nachts in den Wald, ohne daß irgend jemand davon weiß, um dort für eine arme Witwe Holz zu sägen. Da schickt ein reicher, boshafter Greis, der in der ganzen Stadt wegen seines Geizes verabscheut wird, die Armen, die ihn anbetteln kommen, schroff fort, fragt sie aber vorher noch, wie viel sie denn bräuchten: Und selbstverständlich merkt man nach dem Tod des Geizhalses, daß er jeden Freitag vor Tagesanbruch vor der Tür eines jeden dieser Armen einen Umschlag hingelegt hatte, der haargenau den Betrag enthielt, den der Arme benötigte! Da empfängt ein in Wohlstand lebender Mann am Sabbat alle Notleidenden des Viertels und erklärt seiner Frau, die sie in der Küche essen lassen will, daß man Gott nicht zum Essen in die Küche schickt …

Ich finde es so bedauerlich, daß Simone diese Erzählungen nie gelesen hat und daß sie, die sich leidenschaftlich für die Volkserzählungen der ganzen Welt interessierte, gerade die ausgelassen hat, die für ihre Vorfahren ein Ohrenschmaus waren und deren Fantasie bezauberte.

Vorfahren, die das Gebot der Genesis sehr ernst nahmen: »Du sollst dein Herz nicht verhärten noch deine Hand zuhalten gegen deinen armen Bruder.«

Denn der Begriff Nächstenliebe steht im Kernpunkt des Judentums. Die Pflicht zum Mitleiden mit dem Nächsten ist von allen die wichtigste. Es ist verdienstvoller, aus freundlichem Herzen oder, besser noch, sogar heimlich zu geben, in jedem Falle aber muß man seine Hand auftun. Und die Geizigen? Ganz einfach, man geht zu ihnen und zwingt sie zum Geben.

Der Talmud hat dafür ein ganzes System geschaffen: Hilfsfonds (das ist Pflicht!) in jeder Stadt, Garküchen, Geldverteilungsstellen … Und man findet im Talmud bis ins Kleinste ausgeführt alle die Fälle, in denen man zum Spenden »die Hand auftun« und dem Armen »nach Bedarf« zu geben hat.

Hat ein Armer nicht das Geld, sich Kochtöpfe zu kaufen, muß man ihm Kochtöpfe geben. Ist der Arme allein, muß eine Frau für ihn gefunden werden …

Und einem verarmten Reichen, der jedoch zu Zeiten, als er reich war, geritten ist, muß ein Reitpferd beschafft werden!

Dies alles wird zum Anlaß höchst vergnüglicher Auseinandersetzungen unter Rabbinern! Ein kleines Beispiel: Was ist schlimmer oder besser, splitternackt herumzulaufen oder Hunger zu haben? Bei Reb Huna heißt es, wenn man einen Bettler ganz nackt sieht, hat man ihn dringend zu kleiden, ohne durch eine Untersuchung sicherstellen zu wollen, daß er auch wirklich so arm ist, wie er vorgibt. Bei Reb Jehuda dagegen darf keine Untersuchung vorgenommen werden, wenn ein Armer einen um Essen bittet, wohingegen eine Untersuchung zu erfolgen hat, wenn er splitternackt ist, um zu »sehen«, ob er tatsächlich nackt ist!

Solche Dinge las mein Vorfahre Barasch (wenn er denn den Talmud gelesen hat) und vielleicht schloß er, eingelullt durch die Stimmen, die aus dem Laden nach oben drangen, in dem seine ehrenwerte Gattin Kleidung und Bonbons an arme Kinder verteilte, auch von Zeit zu Zeit die Augen, um sich vorzustellen, wie Rabbiner unter dem gestirnten Himmel von Babylon in einem Innenhof saßen, ihre Lippen an großen Weinkelchen benetzten und diskutierten ... Ach nein, das wirkt nun eher wie aus Tausend und eine Nacht. Er wußte durchaus, dieser Ahnherr Barasch, daß etliche Talmud-Rabbiner, darunter die angesehensten, bitterarm waren und aus freien Stücken die niedersten Berufe wie die des Lasten- oder Salzträgers gewählt hatten, womit sie gerade genug verdienten, um ihre Familien zu ernähren, und sich dann mit Leib und Seele dem Studium der Thora verschrieben. Wiederum sehr vorzeigenswerte Vorfahren für Simone!

Simone hütete sich wohl, den Talmud zu lesen, und ich vermute, daß sie für diese spitzfindigen, dem Alltagsleben so nahen Auseinandersetzungen nur Verachtung übrig gehabt hätte!

Als sie sehr jung war, ließ sie ihr Geld auf ihrem Tisch liegen, damit diejenigen, die ärmer dran waren als sie, sich davon nehmen konnten. Später sollten sich ihre Überlegungen von der rein sozialen Wirklichkeit ablösen und abheben und zur mystischen Meditation werden.

Dennoch haftet den wunderschönen Seiten, die sie in ihren letzten Lebensjahren über die Liebe zum Nächsten geschrieben hat, durchaus etwas Talmudisches an: Wie die Rabbiner prüft sie verschiedene Fälle, wendet sie hin und her und, wiederum den Rabbinern gleich, fügt sie den Begriff Nächstenliebe in die Stufen eines mystischen Weges ein, der über die einfache, tätige Nächstenliebe hinausführt.

Die Weisen des Talmud denken sich einen Menschen aus, der dem König ein Geschenk bringt. Es ist nicht sicher, ob die Diener des Königs dieses Geschenk entgegennehmen und es ihm überreichen werden. Nehmen wir an, sie nehmen es entgegen, dann weiß man allerdings nicht, ob derjenige, der das Geschenk gebracht hat, das

Antlitz des Königs sehen wird oder nicht. Aber ganz anders als der König ist der Heilige, gepriesen sei Er. Wer einem Armen ein Geldstück gibt, wird sich die *Shekhina*, die göttliche Gegenwart verdienen, und sie wird ihm gewährt werden.

Denn die Rabbiner wollen vor allem die mystische Erfahrung nicht unzugänglich werden lassen.

Für Simone dagegen ist mystische Erfahrung den *Happy few* vorbehalten. *Wer einem hungernden Unglücklichen Brot reicht, aus Liebe zu Gott, dem wird Christus nicht danken. Er hat seinen Lohn schon in diesem einen Gedanken empfangen.*

Simone ist aber nicht nur Mystikerin, sie ist Philosophin, die mit dem Paradox umzugehen weiß, und sie ist argwöhnisch: *Es ist nicht weiter erstaunlich, daß ein Mensch, der Brot hat, einem Hungrigen ein Stück davon abgibt. Erstaunlicher aber ist es, daß er dessen mit einer Gebärde fähig ist, die sich von der des Kaufens unterscheidet.*

Die jüdische Nächstenliebe hat nichts von einem Paradox. Der Bettler steht für Gott. Gibst du dem Bettler, so gibst du Gott.

Selbstverständlich kann sich die Philosophin um vieles anspruchsvoller geben als die Rabbiner, sie hat sich um keine Schäflein zu kümmern. Sie ist nicht beauftragt, für das gedeihliche Zusammenleben einer Gemeinschaft zu sorgen, noch zu gewährleisten, daß die verfügbaren Mittel einigermaßen gerecht verteilt werden. Selbst wenn sie zwei- oder dreimal in ihrem Leben mit großem Vergnügen die »Geizigen« gezwungen hat, viel Geld herauszurücken, kann ich mir kaum vorstellen, wie Simone, der der Sinn für das Praktische so sehr abging, daß sich ihre Mutter in den Briefen an meinen Großvater mehr als einmal darüber besorgt zeigt, Kleidersammlungen für die Unbekleideten oder Speisungen für die Hungernden organisiert hätte.

Das Thema ihrer Meditation ist die Liebe zum Nächsten, und für dieses Meditieren baut sie eine Landschaft auf, die eher dem Land der Evangelien als dem Frankreich der 30er Jahre gleicht.

Christus hat uns gelehrt, daß die übernatürliche Nächstenliebe der Austausch des Mitleidens und der Dankbarkeit ist, der wie ein Blitz stattfindet zwischen zwei Wesen, von denen eines mit dem menschlichen

Personsein ausgestattet und das andere dessen beraubt ist. Einer von beiden ist nur ein wenig nacktes Fleisch, leblos und blutig an einem Straßengraben … Die an diesem Etwas vorübergehen, bemerken es kaum und haben einige Augenblicke später schon vergessen, daß sie es überhaupt bemerkten. Wer stehen bleibt, ist, wie man weiß, der berühmte Samariter.

Den barmherzigen Samariter lieben wir alle. Als Kinder haben wir gelernt, daß er ein Vorbild ist, dem man nacheifern sollte. Auch Simone liebt den barmherzigen Samariter, aber sie identifiziert sich nicht oder nicht nur mit ihm. In dem Zwiegespräch zwischen dem Samariter und dem Unglücklichen, dem er Hilfe bringt, ist sie sowohl der eine wie auch der andere, vorzugsweise der Unglückliche. Ihre gesamte Energie setzt sie daran, Unglücklicher, Hungernder, Unterdrückter, Sklave, Leidender zu sein.

Diejenigen, die zusammen mit Simone gelebt haben, wußten sehr wohl, daß sie, wenn ein barmherziger Samariter stehen blieb, um ihr zu Hilfe zu kommen, diesen zum Teufel jagte und ihm begreiflich machte, er solle jemandem beistehen, der unglücklicher war als sie!

Wenn der Rabbiner Holz für die Witwe sägt, bezweckt er damit nicht, sich Blasen an den Händen und einen Muskelkater zu holen, er tut es, damit die Witwe etwas zum Heizen hat. Und, versteht sich, um selber Gott näher zu kommen.

Simone indessen …, wenn sie bei der Arbeit auf einem Bauernhof mit bloßen Händen große Bündel von Disteln aufhebt, glaubt sie vielleicht, sich damit nützlich zu machen. Ich bin mir dessen nicht so sicher. Vor allem ist sie von dem leidenschaftlichen Verlangen beseelt, die Mühsal der Landarbeiter zu erleben, auch dann, als man ihr gesagt hatte, daß diese (Männer, und natürlich waren sie viel kräftiger als sie …) Handschuhe anzogen und Heugabeln benutzten. Daß alles Drängen umsonst ist, begreifen die anderen schnell, Simone liegt daran, sich die Hände zerkratzen zu lassen. An diesem Abend wird sie kaum etwas essen und auf dem Fußboden schlafen.

Die eigentliche Zielsetzung Simones ist, die Mühsal der Armen mitzuerleben, nicht, ihnen Brot oder Kleidung zu beschaffen. Ihre ureigene Form der Nächstenliebe besteht darin, zum Bettler zu werden und sich jede Erleichterung ihres Loses zu verbitten. Sie begeht die Sünde des Neides, wenn sie an Christus am Kreuz denkt, sagte sie selber.

Unerträglich ist sie, meine Tante, meine heilige Tante, diese großartige Dauerwerbeträgerin für Armut, Elend und Unglück!

Und schon ist das Pendel zurückgeschwungen! Ich befinde mich erneut auf der anderen Seite, auf der Seite des gesunden Menschenverstands und der praktischen Vernunft, der mitfühlenden ruhigen Nächstenliebe meiner lieben kleinen Ahnfrauen, die Kleidung und Essen austeilten, auf der Seite des barmherzigen Samariters, den ich mir – warum eigentlich nicht – wohlgenährt vorstelle und der womöglich seine Bequemlichkeit nicht verabscheut hat. Oder sogar auf der Seite von André, meinem Vater, der keineswegs nach Heiligkeit strebte, der aber zeit seines Lebens Bittstellern nie Geld abgeschlagen hat und der, ohne sich dessen jemals zu brüsten, den Witwen seiner Freunde, jungen Menschen in Geldnot und noch vielen anderen beigestanden hat.

Das Schöne an Simones Meditation ist augenscheinlich ihre Verortung in einer völlig anderen Wirklichkeit.

Wer diejenigen, die das Kräfteverhältnis weit unter ihn stellt, als seinesgleichen behandelt, macht ihnen wahrhaft das Menschsein, dessen das Schicksal sie beraubte, zum Geschenk. Soweit dies einem Geschöpf möglich ist, wiederholt er hinsichtlich ihrer die zeugende ursprüngliche Großmut des Schöpfers.

Eine Wirklichkeit, die die Welt, wie sie nun einmal ist, weit hinter sich läßt.

Unlängst saß ich in der U-Bahn von New York neben einem Stadtstreicher, dessen Kleidung zwar nicht völlig zu Lumpen zerfallen war, der aber einen hungrigen Blick hatte und alle seine Mitreisenden über eine Viertelstunde lang damit unterhielt, was er mit einem kleinen Betrag, den man ihm gerade zugesteckt hatte, zu tun gedachte: er würde bumsen gehen. *No money, no honey, no pussy,*[1] sagte er

1 Keine Moneten, kein Liebchen, keine Möse

immer wieder. Ohne sich um die teilnahmslosen Mienen und die starr nach unten gerichteten Blicke der Personen, die ihm gegenüber saßen, zu kümmern, beglückte er uns mit der Schilderung der Wonnen, die er sich davon versprach. Eine Beschreibung, die schon poetisch wirkte, so obszön war sie, ja wirklich, eine Art epischen Poems, dessen beide Helden *my balls* waren.

Ich dachte an das, woran ich gerade schrieb, mithin an meine Tante. Ich fragte mich, ob sie sich weggedreht und sich einen neuen Platz gesucht hätte. Vielleicht nicht. Sie war nicht prüde oder gab vor, es nicht zu sein. Sie hatte, das wird unermüdlich wieder erzählt, ihre Kumpel in ein Bordell begleiten wollen und sich dazu als Junge verkleidet. Die Prostitution empörte und faszinierte sie. Hatte sie nicht im Krieg, als ein Polizist in Marseille ihr damit drohte, sie in Gesellschaft von Prostituierten ins Gefängnis zu werfen, geantwortet, daß sie dieses Milieu schon immer hatte kennenlernen wollen?

Hätte jedoch dieser Mann, dessen *balls*, die ruhmreichen, einzigartigen und ausersehenen Repräsentanten seiner Person, die U-Bahn für sich eingenommen hatten, hätte dieser Mensch, dessen – zugegebenermaßen recht erquickliche, muntere – Reden eine sichtbare Verzweiflung überdeckten, in Simones Augen den Status von »nacktem, leblosem und blutigem Fleisch am Straßengraben« verdient?

Der alte Gaul

Du mußt den Eindruck haben, daß du deinen Hund ausführst, einen alten, blinden und tauben Hund, der nach jedem dritten Schritt stehenbleiben muß.

– Ich hab keinen Hund. Und außerdem bist du kein alter Hund, du bist ein alter Gaul. Ein alter Gaul, der seinen Weg kennt.

– Ich kenne überhaupt keinen Weg mehr.

Ich versuche, einen leichteren Ton anzuschlagen.

– Du warst daran gewöhnt, immer geradewegs auf dein Ziel zuzugehen. Jetzt tust du das nicht mehr. Alles eine Frage der Umstände.

Mein Vater, ein alter Mann, jetzt etwas kleiner als ich, läuft neben mir und stützt sich auf seinen Spazierstock. Ein Stock, den ich mindestens zehnmal zusammengeleimt und -gebastelt habe, denn er hängt an ihm und will keinen anderen. Er fährt fort:

– Trotzdem wird es für dich lästig sein, so langsam gehen zu müssen.

– Bleibt mir denn etwas anderes übrig?

– Nein.

Er richtet einen kläglichen, gleichwohl leicht ironischen Blick auf mich und seufzt laut auf.

– Meine arme Tochter!

Dann deklamiert er:

– *O, che sciagura d'essere senza coglioni!*[2] Für dich wäre es besser, wenn ich sterben würde.

2 Oh, welch Unglück, ohne Eier zu sein …

»Ich und mein Frango«

Wenn das Gespräch einmal so weit gediehen ist, werde ich rücksichtslos.

– Mag sein, aber ich kann dich nicht totschlagen. Das tut man nicht. Selbst wenn du ein Hund wärest, könnte ich es nicht.

– Es muß Kulturen gegeben haben, in denen so etwas getan wurde. Vielleicht gibt es das heute noch. Die alten Eltern totschlagen. Das macht die Dinge einfacher.

Ich lache.

– Sie umbringen und dann womöglich verspeisen?

Das leise Anschlagen des Stocks auf das Pflaster. Wir sind unterwegs zum Essen im Institut in Princeton. Der Herbst in New Jersey ist in diesem Jahr besonders farbenprächtig. Ich hebe welkes Laub auf, rote und gelbe Blätter, und zeige sie meinem Vater, der mich daran erinnert, daß er nichts mehr sehen kann.

– A propos, Familienangehörige verspeisen. Hast du damals nicht geahnt, daß wir deinen Frango gegessen haben?

Frango, mein gezähmtes Hühnchen in Brasilien, das ich an einem Band überallhin mitgenommen hatte.

– Ich habe es schon geahnt. Kurz nach unserer Abreise aus Brasilien. Ich weiß nicht mehr, wie. Mit 6 Jahren habe ich begriffen, daß meine Eltern voller Heimtücke und Kannibalen waren.

Nun lacht er seinerseits.

– Irgendein Gott, welcher es war, weiß ich nicht mehr, hat uns bestraft und deinen Frango gerächt. Wir waren die ganze Nacht fürchterlich krank. Hast du viele Erinnerungen an Brasilien?

– Die Heißluftballons am Johannistag.

– Ach ja. Das war nett. Und du müßtest dich noch an unsere Spaziergänge bis zur Radiosendestation erinnern. Wie gerne du da »Verlaufen haben« gespielt hast!

Einen Moment lang gehen wir schweigend weiter. Dann hebt er den Kopf und erklärt:

– Ich habe ein gutes Leben gehabt. Ich kann mich über nichts beklagen, außer daß deine Mutter allzu früh gestorben ist. Aber davon abgesehen, habe ich ein gutes Leben gehabt.

Eveline und André Weil 1954 bei einer Konferenz in Harvard

André ist niemand, der sagen würde: dahingegangen, verschieden, verstorben. Er sagt tot, gestorben.

Er wendet mir das Gesicht zu und sagt dann:

– Auch du hast ein gutes Leben gehabt.

Unversehens haben mich Empörung, Auflehnung und Bitterkeit übermannt. Vermutlich werde ich ihm einen nicht gerade warmherzigen Blick zugeworfen haben. Man muß bis zur Gewissenlosigkeit Egoist sein, um mein Leben mit dem Etikett »gutes Leben« zu versehen. Ich weiß, daß er an seine Schwester denkt, die so sehr auf das Unglück mit unausbleiblicher Todesfolge versessen war, während er sie für unzerstörbar hielt. An das gewöhnlichere Elend, an mein Elend, denkt er selbstverständlich nicht – Mutter eines Sohnes zu sein, der zumindest so weit behindert ist, daß er kein als »gut« zu bezeichnendes Leben führen kann, und eine Totgeburt gehabt zu haben.

Aber sogleich sind mir die augenscheinlichen, unabweisbaren Tatsachen überdeutlich geworden: Wir kamen nicht nach Auschwitz, ich wurde nicht in einem Schrank versteckt, ich mußte nicht mit ansehen, wie meine Eltern gefoltert wurden, sie haben nicht erlebt, daß ihr Säugling den Hunden vorgeworfen wurde. Ich war niemals gezwungen, in der Fabrik zu arbeiten, und das Leben einer Gymnasial- oder Hochschullehrerin ist recht bequem. Also hat sich das Etikett »gutes Leben« klugerweise und fügsam auf den Band mit dem Titel »Sylvie Weil – Ein Leben« – das ich nichtsdestoweniger als ein ziemlich schlecht geschnürtes Paket ansah – kleben lassen.

All das sage ich André natürlich nicht. Ich begnüge mich damit, ihn an Solons Satz zu erinnern, den er mir selbst am Vorabend zitiert hat, wonach kein Mensch vor seinem Todestag wisse, ob er glücklich gewesen ist. Er nickt.

– Das stimmt.

Eine kleine Weile laufen wir schweigend weiter. Vor einem flammend roten Ahorn hält er plötzlich inne und stellt sich mir gegenüber. Er erzählt, daß ein berühmter Physiker, dessen Name mir entfallen ist, auf diese Weise während eines Spaziergangs mit seiner Frau stehen geblieben, dann auf sie zugegangen war und ihr die Hände auf die Schulter gelegt hatte. Sie hatte geglaubt, er wolle sie umarmen. Er war ihr tot zu Füßen gefallen.

– So wollte auch ich sterben.

Einige Tage später, als wir wieder auf die Cafeteria des Instituts zugingen, wo er gerne zu Mittag aß, erinnerte ich mich an unser Gespräch über das »gute Leben«. Mir schien in diesem Zusammenhang der Zeitpunkt gekommen, André zu danken, daß er als anständiger Bürger seinen Töchtern etwas hinterlassen hat. Er zuckte mit den Achseln.

– Was nach meinem Tod passiert, ist mir völlig egal.

– Mag schon sein. Dennoch wollte ich mich bei dir bedanken. Das ist hiermit geschehen.

Wir sind bis zur Cafeteria gegangen, haben unsere Tabletts genommen und uns zu zweit allein an einen großen Tisch gesetzt. Als er gerade beginnen wollte, das Fleisch zu schneiden, legte er, der sonst nie über diese Dinge sprach, sein Besteck nieder, hob den Kopf, schaute mich an und sagte dann sehr langsam, so, als suche er nach den richtigen Worten:

– Geld kann manchmal auch dazu verhelfen, Auschwitz zu entgehen.

Besuchsrecht

Derzeit bin ich es, die meine vier Weils im Gefängnis besuchen kommt. Zumindest sind sie zusammen, in der gleichen Zelle, Mime und Biri, Simone und André. Es ist ein Hochsicherheitsgefängnis, was insofern gut ist, als es um den Schutz der Häftlinge geht und darum, daß niemand kommen und sie attackieren oder entführen kann. Trotzdem ist das System nicht ganz sicher, denn Sie werden zwar am Eingang durchsucht, vorsichtshalber, damit Sie weder Waffen noch Bomben mitbringen, doch beim Ausgang hält es niemand für nötig, einen Blick in Ihre Handtasche zu werfen. Zweifellos erklärt sich dadurch die grimmige Schärfe, mit der man die Kontakte überwacht, die Sie während des Besuchs mit ihrem lieben Häftling oder, wie im vorliegenden Falle, mit Ihren lieben Häftlingen haben.

Zeit ihres Lebens wollte meine Tante ein Gefängnis von innen kennen lernen. Das kann sie jetzt. Was ihre Eltern und ihren Bruder anbelangt, die sind ihretwegen in Haft.

Als ich sie das letzte Mal besuchte, wurde ich von einer recht rabiaten Aufseherin angefahren: Sie fand, es genüge nicht, daß ich meine große Tasche unter einem Tisch im Vorraum abgestellt hatte, und daß meine Handtasche, in der mein Geldbeutel, meine Brille und mein Taschentuch steckten, nicht in das Besucherzimmer gehöre, in das man meine verschiedenen Familienangehörigen führen würde, damit ich ein wenig Zeit in ihrer Gesellschaft verbringen konnte.

Ich sagte mir: Ganz normal, so will's die Gefängnisordnung, ich möchte auch nicht, daß andere die Familienangehörigen kidnappen, und diese Person ist für die Bewahrung meiner nächsten Anverwandten, die präsent und präsentabel bleiben sollen, zuständig. Trotz allem versuchte ich ihr zu erklären, daß es sich um einen Besuch bei Familienmitgliedern handele, zu dem ich berechtigt sei, daß ich mich immer sehr sorgfältig um meine Familie gekümmert hätte und da ich nun einmal vor einigen Jahren Unterlagen unterzeichnet hätte, durch die sie dem höchst respektablen Etablissement, das sich ihrer entgegenkommenderweise annehmen wolle, anvertraut würden, ich also jetzt nicht diese arme Familie Weil (die auf hauchdünnem Papier schrieb, das sich wunderbar zusammenrollen ließ) zusammenrollen würde, um sie in meine Tasche zu stopfen. Als ich den Haftbefehl unterzeichnet hatte, wußte ich nicht, daß das respektable Etablissement mich von nun an wie eine Kriminelle behandeln würde, wenn ich käme, um meine kleinen Weils etwas aufzurichten, indem ich sie lautlos in einer ihnen vertrauten Sprache ansprechen würde.

An diesem Vormittag habe ich meinen Namen in ein Register eingetragen, aber an der zu diesem Zweck vorgesehenen Stelle meine Unterschrift nicht hinzugefügt. Daher erneutes Gezeter.

Ich hatte nicht die Zeit, dieser eifrigen Beamtin klar zu machen, daß eine gewisse Anzahl von Gegenständen und Briefen auf Besuch da waren, so wie ich, und das Recht hatten, in meine Wohnung zurückzukehren, falls es ihnen beliebte und falls es mir beliebte, sie zurückzunehmen. Auch nicht die Zeit, ihr zu erläutern, daß es schon hart genug sei, gezwungen zu sein, Briefen, die von mir und von allen möglichen Gegenständen redeten, die meine Kindheit und meine Jugendzeit ausstaffiert hätten, einen Besuch im Gefängnis abzustatten, ohne darüber hinaus auch noch abgekanzelt zu werden.

Der liebenswürdige Drache drohte mir, den Direktor zu rufen. Letztendlich hat sie es nicht getan, was ich enttäuschend fand, denn ich hätte sehr gerne den Direktor des Etablissements getroffen, in dem etliche Familienmitglieder von mir auf unbegrenzte Zeit einquartiert worden waren.

Man bringt sie mir in unterschiedlich großen Holzkästen und Schachteln.

Ein wenig gerührt hole ich ein paar jener Briefe heraus, die ich als junges Mädchen, vor dem Manuskripteschrank kauernd, überflogen oder mit äußerster Vorsicht mitgenommen hatte, um sie frühmorgens in meinem Bett in der Rue Auguste-Comte zu lesen, wenn die Sonne gerade die von den Kugeln der *Libération* durchlöcherten Wände mit Rot überflutete. Diese Briefe tragen jetzt Nummern, die von fremder Hand mit Bleistift geschrieben worden sind. Numeriert sind die Briefe, die von mir und auch von dem Zauber reden, den Simone über mich gesprochen hat, und von dem *Gruß an Sylvie und an die sieben Dämonen, die seit meinem Besuch in ihr wohnen*, ein Satz, der mich früher wirklich verblüfft hat, da ich diese berüchtigten Dämonen in mir suchte und darauf wartete, daß sie sich zu erkennen gäben und für mich etwas Außergewöhnliches tun würden. Scherze, Vertraulichkeiten, Neckereien, Hoffnung, Trauer, Liebkosungen und Küsse, alles ist mit Nummern versehen. Meine Familie ist numeriert. Es ist nicht der rechte Augenblick, Rührung hochkommen zu lassen, weil eine Aufseherin herbeieilt, Vorsicht, nicht zerknittern!

Ich hätte meine Kindheit, meine Jugendzeit und noch mehrere Jahrzehnte des Erwachsenenalters damit verbringen können, all diese Briefe nicht nur zu zerknüllen, sondern sie zu falten und Schiffchen daraus zu machen oder in sie hineinzubeißen oder darauf zu spucken. Was ich nicht getan habe. Warum sollte ich es jetzt tun?

Ich weiß, daß man mir gegenüber mißtrauisch ist, weil ich sie mit Blicken streichele und sie auch mit den Fingern berühre, jene Blätter, die mit den mir so vertrauten Schriftzeichen und mit Ausdrücken bedeckt sind, die in meinen Ohren tönen, mit Lachen und Seufzen, gleichsam den Tüpfelchen meiner Kindheit. Und dann lächele ich sie an. Ich lächele meinen Großeltern zu. Ich hebe ein Blatt auf, lege es auf meine Handfläche, es ist so leicht, so fröhlich, so hoffnungs- und lebensvoll. *Mein lieber kleiner Schatz*, schreibt meine Großmutter an Simone, die auf Reisen in Italien ist, *welche Freude brachte Dein Brief wieder, nichts, wirklich nichts könnte mir mehr Vergnügen bereiten als Deine Begegnung mit einem Land, das wie für Dich geschaffen ist, und mit der Harmonie, die sich daraus ergibt und in Deinen Briefen erklingt.*

Auch ich war später ihr lieber kleiner Schatz.

Auf einer anderen Seite erkenne ich ganz deutlich Biri, meinen Großvater, den sein robuster, bodenständiger, gesunder ärztlicher Menschenverstand niemals verläßt: *Mögen die Kirchen und Museen usw. Dich ja nicht vergessen lassen, daß der Mensch einen Magen hat, der Nahrung benötigt, damit der Körper sich gegen die Erschöpfungszustände wehren kann.*

Die beiden letzten geöffneten Schachteln geben ihren kläglichen Wust an verblaßten Postkarten, an Heften mit Zeichnungen preis. Eine große, von Mime genähte Stofftasche für die Hefte ihrer Tochter. Für Simones Geldbeutel, Biris Adreßbüchlein. »Das ist rührend, nicht wahr?« kommentiert eine der Aufseherinnen mit einem Lächeln, das gerührt wirken soll und dann doch nur gefräßig aussieht. Sie faßt die Stofftasche an und will mich zur Zeugin ihrer ungebührlichen Rührseligkeit machen. Ich verschließe meine Ohren, ich bin taub.

Auf dem Boden einer Schachtel ein Kofferanhänger in Leder, Simones Anhänger: Auf dem Papier steht in der Schrift meiner Großmutter: Miss Simone Weil, Fighting French Highquarters, 4 Carlton Gardens, London SW 1. Das Wort »Highquarters« ist ein Fehler im Englischen, eine Zusammensetzung von »Headquarters« und »High Command«. Ich vermute, daß Selma keinen klaren Gedanken fassen konnte und vor allem todtraurig war. Sie hat Simone stets geholfen, auch jetzt hilft sie ihr noch bei den Vorbereitungen zu dieser Abreise, die sie in Verzweiflung stürzt. Dieser Kofferanhänger hat mir einen kleinen Schock versetzt: Er gleicht aufs Haar demjenigen, den ich Jahr für Jahr an den verschiedenen Koffern von André gesehen habe, denn er wechselte seine Koffer und wählte als er langsam alt wurde immer leichtere aus. Ich höre unvermittelt den fast schulmeisterlichen Ton, in dem er uns sagte: »Ein Koffer wird so gepackt, wie man ein Puzzle legen würde. Alles muß perfekt ineinandergreifen.«

In meiner Vorstellung war es Biri, der in Marseille einem jeden von ihnen einen Kofferanhänger geschenkt hat, freilich war es Bernard, der gute Familienvater, der seinen Kindern in Kriegszeiten trotzdem etwas Nützliches schenken wollte. Schaut mal, das da ist sehr praktisch, und außerdem ist das solide, das wird halten. Die Weils mochten stets das Qualitätsvolle, echtes Leder und die zwar häßlichen, aber nicht abzutretenden Schuhe mit den dicken Sohlen.

Andrés Kofferanhänger befindet sich jetzt in der Schublade meines Schreibtisches. Er ist völlig abgewetzt und hat Eselsohren, das Leder ist stumpf geworden.

Wogegen Simone den ihren kaum verwendet hat. Er ist noch nagelneu. Eine kurze Hin- und Rückreise, Frankreich, Amerika, England. Und jetzt auf dem Boden der Schachtel.

Ich habe die Erlaubnis erhalten, das Adreßbüchlein meines Großvaters mit nach draußen zu nehmen. »Erhalten« ist nicht ganz das treffende Wort. In Wirklichkeit habe ich bitter um diese Erlaubnis feilschen und sogar das gregorianische Meßbuch der Heiligen als Geisel zurücklassen müssen. An dem Tag, wo die für solche Razzien zuständigen Personen zu Lebzeiten meines Vaters in die Rue Auguste-Comte gekommen waren, um den Manuskripteschrank sowie einen Schrank voller Bücher, Hefte mit Aufzeichnungen und Notizbücher auszuräumen, hatten sie das Meßbuch übersehen.

Biris Notizbuch geht es sehr gut bei mir, viel besser als in der Schachtel, wo es seit ungefähr 15 Jahren dahinsiechte. Dieses Notizbuch hatte seinen festen Platz neben dem Telefon, sogar noch während meiner Kindheit, als schon viele der darin eingetragenen Menschen verstorben und sorgfältig ausradiert worden waren. Ich finde darin das gesamte Leben des Arztes aus einer Zeit wieder, in der ein Arzt noch Krankenbesuche machte: Adressen der Patienten, Verkehrsmittel.

Es stehen auch eine Menge nützlicher Adressen darin, Klempner, Telefonistinnen, Masseure und Masseurinnen, ein Professor für Leibesertüchtigung. Es gibt einen Kergoat, rue de Vaugirard, mit dem Nachsatz: Kartoffeln. Hat er die Arztbesuche in Kartoffeln beglichen?

Etliche Seiten sind ausgefüllt mit Vettern namens Haguenauer, Vormus, Weil und Weill. Die Seite B, die die Familie Baumann ausfüllen sollte, wurde herausgerissen. Von wem? Warum? Ich habe mich oft gefragt, wie Biri seinen Unterhalt verdiente, wenn man die Zeit in Anschlag bringt, die er für die Krankheiten seiner zum Teil unüber-

Bernard Weil 1938

schaubaren Verwandtschaft, die er natürlich gratis behandelte, aufgewendet haben muß. In einem Brief an André als ganz jungen Mann schrieb Biri ihm neckend: *Ich habe in diesem Monat etwas gearbeitet, aber die Liquidationen vom Jahresende kommen nicht herein! Vielleicht wirst Du trotz allem Deine Papiere verkaufen müssen, um uns zu Hilfe zu kommen!* Einfach ein Scherz? Ich weiß es nicht.

André und Simone waren auf ihren Vater nicht wenig stolz. Wenn André im *Jardin du Luxemburg* spielte und einen Spielkameraden husten oder auch nur niesen hörte, empfahl er ihm sofort den Dr. Weil und ratterte die Telefonnummer und die Sprechstundenzeiten herunter: »Montags, mittwochs, freitags von 1.30 Uhr bis 3.00 Uhr!« Auch als Studenten schickten Simone und André ihre Freunde stets zu ihrem Vater, da nur er ihr Vertrauen hatte.

Ich sehe meinen Großvater vor mir, den Elsässer, der jeder Hast abhold ist, sehe ihn gemächlich und gleichmäßigen Schrittes in *Bécon-les-Bruyères aussteigen, sich beim Ausgang vom Bahnhof links halten*, sehe diesen kleinen bescheidenen, meist bestens gelaunten Mann *die S bis zur Porte Champerret nehmen*, wobei er den jungen Vettern, deren Mumps oder Röteln er behandelte, Leckereien und ab und zu ein Buch mitbringt, ich sehe ihn in *Asnières auf der Seite der Maschine aussteigen*, er wäscht sich die Hände, sobald er angelangt ist, dann setzt er sich zu seinem Patienten aufs Bett. Wenn es sich um ein Kind handelte, schaute er es mit seinen braunen Augen lange an und hauchte ein lang gezogenes »Huuh!«. Dann legte er sein Ohr auf den Bauch des Kindes, auskultierte es, und der kleine Patient lachte, weil der Schnauzbart ihn piekste.

Auch ich spüre noch Biris Schnauzbart auf meinem Bauch. Und ich habe beschlossen, den Heimaturlaub des Notizbüchleins auf unbestimmte Zeit zu verlängern. Bernard hat es sich wirklich verdient, einige Zeit bei seiner Enkeltochter zu verbringen.

Offenbarung

Ungefähr 20 Jahre nach meiner Lungenentzündung und der Episode mit dem Tunnel ist mir meine Tante erneut erschienen. Anscheinend hatte sie in Sachen Höflichkeit Unterricht bei dem Ewigen genommen, der aus Liebenswürdigkeit und auch aus Liebe immer zweimal ruft, wie es uns Raschi in seinem Kommentar zur Liebe erläutert. Sie hat mich also zweimal bei dem Namen gerufen, den sie mir vor meiner Geburt gegeben hatte.

– Patapon, Patapon, hör mir zu!

Diesmal nahm ich in ihrer etwas spröden Stimme eine unendliche Zärtlichkeit wahr.

– Hör mir gut zu, sagte sie, öffne deine Ohren, oh meine Pseudo-Nichte mit dem sonnigen Lächeln. Ich hatte doch einen Zauber über dich geworfen, während du gierig dein Fläschchen leer trankst, und ich dachte, daß dir beim Älterwerden auch ein wenig mehr Grips zuwüchse, aber nein, du hast nichts begriffen. Ich kann dich allerdings nicht die dir verbleibende Lebenszeit verbringen lassen, ohne dir anzusagen, wer du bist! Du hast es also nicht erraten? Sie haben es recht schlau angestellt, um es vor dir zu verheimlichen, aber sieh dir doch mal deinen Namen an, der dem meinen gleicht, und dein Gesicht! Hast du dich nicht gefragt, warum die Liebe deiner Großeltern so besitzergreifend war und sie dich so sehr für sich behalten wollten? Sind dir die Daten dieses Aufenthaltes in New York, den ich zwangsweise einlegen mußte, nicht verdächtig erschienen? Glaubst du, daß ich sonst bereit gewesen wäre, Frankreich zu verlassen? Aber einen kleinen Weil in einem besetzten Frankreich zur Welt zu bringen kam nicht in Frage! Du hast doch meine Briefe gelesen, in denen ich unablässig alle angefleht habe, mir von dir zu erzählen! Hast du denn nicht erkannt, daß mein Wunsch, dich getauft zu wissen, der dich ja immer so geärgert hat, nichts anderes war als ein ganz natürlicher Drang, dich zu beschützen und für dein Glück zu sorgen? Ich wollte, daß du alles bekommen solltest!

– Und dann war da Eveline. Ich habe wirklich geglaubt, daß sie letzten Endes das Geheimnis lüften würde. Du warst unter ihren drei Kindern eindeutig dasjenige, das am wenigsten geliebt wurde, so daß sie eines Tages von einer Putzfrau gefragt wurde: »Aber was haben Sie denn gegen Sylvie, in der Schule hat sie immer gute Noten!« Du warst damals 10 Jahre alt. Du siehst, daß ich über alles, was dich angeht, Bescheid weiß. Und später waren deine Klassenkameraden, die euch beide zusammen gesehen haben, überzeugt, daß sie deine Stiefmutter und nicht deine Mutter sei!

– Erinnerst du dich an den Ton, in dem sie manchmal ausrief: »Oh, du hast dich gerade so bewegt, wie es Simone getan hätte!« Das war kein glücklicher oder gerührter Ton. Es klang eher so, als hätte sie etwas Betrübliches festgestellt.

– Ich wollte für dich das Glück und, ja doch, wie du weißt, die Ehe. Du hast dich über das, was ich in einem Brief an André geschrieben hatte, lustig gemacht: *Ich hoffe, sie vor ihrer Vermählung wiederzusehen.* Ich wünschte für dich das Glück in seiner bürgerlichsten Form. Überleg doch einmal, welche Vorbilder ich vor Augen gehabt hatte! Jedenfalls wollte ich, daß du mir in nichts gleichen sollest, daß es dir in allem anders ergehen solle als mir!

– Du fragst dich selbstverständlich, wer dein Vater gewesen sein könnte? Ein Gewerkschafter, ein großherziger Mensch, ein mutiger Mann. Er begehrte mich so sehr, und ich habe einmal, einmal … Du hast also nichts erraten? Unglaublich.

Sie entschwand, und ich, ich begann zu lachen. Nanu, war die rote Jungfrau doch nicht so jungfräulich gewesen? Sie soll Mittel und Wege gefunden haben, um mich zu fabrizieren? Wo? Warum? Aus

André Weil

Simone Weil

Neugier? Um die *condition humaine* bis auf den Grund kennenzulernen, sie, die sich einmal in ein Bordell begeben hat? Einem Mitglied der *Résistance* zuliebe, das am nächsten Tag Marseille verlassen mußte und vielleicht in der Woche darauf in den Händen der deutschen Besatzer umkommen würde? Um sich zwischen zwei Sitzungen, zwischen zwei Zigaretten, in einem Augenblick wohlverdienten Genusses endlich ins Nichts aufzulösen? In einem Augenblick der Leidenschaft? Wenn ich Simones Lippen auf den Fotos aus ihrer Jugendzeit betrachtete, vermutete ich immer, daß ihr ihr Hang zur Askese, ihr berühmtes Asketentum, nicht einfach zugefallen und ihr nicht leicht geworden sein muß.

Ich lachte, ja, ich lachte, war außer mir vor Glück. Nicht vor Glück, ihre Tochter zu sein, denn ob ich nun Andrés Tochter oder die von Simone war, das lief auf das Gleiche hinaus, sondern weil mir in blitzender Helle endlich offenbart wurde, welches mein wahrer Platz in der Familienkonstellation gewesen war.

Rückkehr zu den Quellen

Als mein Vater starb, schrieb mir mein Verleger, Raphaël Sorin: »Sie haben Ihren Vater verloren, es bleibt Ihnen Raschi.« Er konnte nicht wissen, wie recht er damit hatte.

Seit mehreren Jahren hatte ich ernsthaft begonnen, Hebräisch zu lernen und mir das Judentum unserer Vorfahren von Grund auf zu erarbeiten, jenes Judentum, dem Simone sich so hartnäckig verschlossen hatte, und vor allem, mich für Schlomo Jizchaki, genannt Raschi, zu begeistern. Die Juden sagen, Raschi fehle niemals in einem Unterrichtsraum: Mir ist er zum Gefährten geworden.

An den Tagen, an denen ich keinen Unterricht zu geben hatte, besuchte ich André in Princeton. Gleich bei meiner Ankunft fragte er mich:

– Wie geht es Raschi?

Er interessierte sich für meine Fortschritte im Hebräischen. Ich hatte mir eine *Haggada* (die rituellen Vorschriften für das *Pessach*-Mahl) für Sehbehinderte besorgt, um ihm die Anfangsgründe der Sprache zu erklären. Ich erläuterte ihm Schlomo Jizchakis Kommentar zur Bibel. Und den Roman, an dem ich gerade schrieb, *Les Vendanges de Rachi* [Raschis Weinlese].

André und mein Romanheld alterten gleichzeitig. Um den greisen Salomon ben Isaak von Troyes zu schildern, schaute ich mir meinen Vater an.

Zwar sind seine Augen in manchen Momenten noch fröhlich und liebevoll, doch haben sie ihr schönes, warmes Braun verloren. Sie heften sich nicht mehr mit jener Schärfe auf Menschen und Dinge, die einst seine Gesprächspartner in Auseinandersetzungen so aus der Fassung gebracht hatte. Tam erscheint es, als wäre sein Großvater irgendwo hinter diesem etwas grau und verschwommen gewordenen Blick eingeschlossen. Auch seine Hände haben sich verändert: Sie sind kalt und trocken, farblos. Die Finger gewissermaßen durchsichtig …

Selbst gegen Ende seines Lebens beteiligte André sich noch mit dem alten Feuereifer an Diskussionen, wenn ihn ein Thema hinlänglich interessierte. Raschi desgleichen:

Salomons Stimme ist fest und warm … Er gestikuliert wieder in der ihm seit jeher eigentümlichen Art mit beiden Händen, um seine Worte zu skandieren.

In seinen letzten Lebensjahren hatte André angefangen, jiddische Wörter zu benutzen:

»Dein Mann, der Psychiater, ist wirklich übergeschnappt, *meschugge*« sagte er manchmal zu mir. Einzelne Wörter tauchten wieder auf, die Bezeichnungen der Festtage, *Jom Kippur, Rosch Ha-Schana*, das er mit hübschem aschkenasischem Einschlag wie »Roscheschona« aussprach!

Ich neckte ihn:

– Wo kommt denn das alles her?

– Von den Großmüttern, selbstverständlich.

André und Simone haben sorgfältig die kleine Familienmär aufrechterhalten, indem sie sich selber und danach den anderen einredeten, sie hätten als Kinder nicht gewußt, daß sie Juden waren. Simone soll im Alter von elf Jahren erfahren haben, daß sie Jüdin war! Indessen sei sie schon durch die Großmutter, die keine Garnelen aß, traumatisiert worden! Als Simone elf war, war André vierzehn. Er hieß Abraham, er war beschnitten, er war von Zeit zu Zeit zu Besuch bei seinen Vettern, die auf der Weil'schen wie auch auf der Reinherz'schen Seite sehr wohl wußten, daß sie Juden waren! Großmutter Eugénie las in ihrem Gebetbuch (augenscheinlich in Hebräisch), Großmutter Hermine zeigte den Kindern gerne die Sammlung der von ihrem Mann verfaßten hebräischen Gedichte. Selma streute in ihre Korrespondenz jiddische Wörter oder Redewendungen ein (allerdings hätte man diese im Notfall auch für deutsche halten können). Bernards Patienten waren in der großen Mehrzahl Juden, was mir André mehrmals gesagt hatte, Juden gingen zu einem jüdischen, Christen zu einem christlichen Arzt, das war so zur damaligen Zeit, so war es normal.

– Und du würdest mir gerne weismachen, daß deine Schwester und du so strohdumm gewesen seid? Oder vielmehr, daß alle Informationen wunderbar in eure so überaus intelligenten Köpfe gingen, nur ausgerechnet diese nicht?

André lächelte.

Er amüsierte sich bei der Vorstellung, daß lange nach seinem Tod ein junger Akademiker, der eine Biographie schreiben wollte, bei seinen Recherchen in den Bibliotheksarchiven des Instituts in Princeton sehr bald zu dem Schluß käme, daß sich André Weil gegen Ende seines Lebens wieder dem Judentum zugewandt hatte.

Wieso käme der junge Biograph zu diesem Schluß? Seit meiner Kindheit machte ich die Unterschrift meines Vaters perfekt nach. In seiner Abwesenheit konnte ich also meine Schulbeurteilungen sowie die Briefe, die mir die Genehmigung für dieses oder jenes erteilten, unterschreiben. Es war mir dadurch möglich, in der Institutsbibliothek unter seinem Namen eine Menge Bücher auszuleihen, ohne ihn bei seiner Arbeit zu stören. Daher wird der junge Biograph herausfinden, daß André Weil seine letzten Jahre nicht nur mit der Lektüre mehrerer Talmud-Traktate verbracht, sondern auch Studien zum Talmud, Ginzbergs Legenden der Juden, die Geschichte der Juden von Graetz und eine gewissen Anzahl Bücher über das mittelalterliche Judentum gelesen hat.

Wir sprachen eines Abends darüber und lachten, dann sagte André sehr ernsthaft zu mir:

– Du tust das, was meine Schwester letzten Endes getan hätte, denn insgesamt war sie ehrlich und anständig.

Die Augen des Spiegels

Mir oblag es, die Wohnung in der Rue Auguste-Comte aufzulösen, in die die Familie Weil 1929 eingezogen war. Und die sie, gebrochen durch den Tod Simones, nach dem Krieg wieder bezogen hatten, um einander dann unablässig in der bitteren, heftigen Trauer zu quälen, die meine ganze Kindheit verdüsterte. Ein Ort, an dem ich mich in meinen Träumen bis zum Ende meiner Tage aufhalten werde.

Eigentlich war die Wohnung, die ich nun leerte, schon einmal ausgeräumt worden. Die Möbel meiner Eltern und meiner Großeltern und sogar eine der Badewannen waren unter der Besatzung weggekommen, als jüdischer Besitz, der von den Deutschen eingezogen wurde, um zweifellos auf einem Feld an der Grenze zu verrotten und zu vermodern. Übrig geblieben war nur der Spiegel des Salons und sein Rahmen, beides zu groß und zu schwer, um abgehängt und mitgenommen zu werden, nicht einmal von den so tüchtigen Deutschen.

Am Tag des endgültigen Auszugs malte ich mir, während die Kisten in einer Prozession fortwanderten, unaufhörlich den Einzug des berühmten Weil-Quartettes aus: den gütigen Arzt, seine intelligente, sehr energische Gattin und ihre beiden Wunderkinder, die zwei genialen Sprößlinge André und Simone, meinen Vater und meine Tante, der eine im Alter von 23 Jahren, die andere von 20, der eine seit mehreren Jahren schon *Agrégé*, die andere Studentin an der *École normale supérieure.*

Das war vor genau 60 Jahren.

Ich stellte mir vor, wie alle vier, aus welchen Gründen auch immer, auf einmal hereingerannt kamen, als ob sie auf dem Treppenabsatz hinter der großen Holztür gestanden und ein Signal gehört hätten, so wie Schauspieler in den Kulissen auf ihren jeweiligen Bühnenauftritt warten. Ich malte mir aus, wie alle vier vor Vergnügen lachten und vor der großartigen Aussicht in Begeisterungsrufe ausbrachen. Simone und André schlitterten auf dem nagelneuen Parkett herum, ja sicherlich, sie waren schon ein wenig zu groß dafür. Trotzdem stelle ich mir sie dabei vor. Ihnen steht es frei, sich nach den paar Schlitterpartien, die sie mir zuliebe aufgeführt haben, wieder über ihre Bücher zu beugen. Jedenfalls gab es noch keine Tische, keine Stühle, auch nicht den hochmodernen großen Schreibtisch Andrés, eine Sonderanfertigung für ihn, von dem er mir später mit leicht belustigtem Heimweh erzählen sollte. Ich sah beide Geschwister, schön und siegesgewiß mit ihrem schwarzen Haar, ihren gleichen Augenpartien, den verschwörerischen Blicken von Zwillingen hinter den runden Brillengläsern, die einander ebenfalls glichen, mit ihren leicht aufgeworfenen Lippen und dem spöttischen Ton in der Stimme, deren Echo mir von den Räumen, in denen keine Möbel mehr stehen, jetzt zurückgeworfen wird.

Vielleicht hätte Simone die Augen einmal nicht vom Spiegel abgewandt, obwohl sie sich ja immer weigerte, ihr Bild anzuschauen. (Was dazu führte, daß sie mit ihrem links übergestreiftem Pullover und ihren Tintenflecken auf dem Gesicht außer Haus ging, alles Dinge, die zu ihrer Legende gehören.) Mag sein, daß ihr Blick an diesem Tag trotz allem über die riesige Spiegelfläche geglitten wäre, um darin eine dünne Silhouette, die leicht über das neue Parkett glitt, ihre eigene nämlich, zu sehen. André hingegen, der als junger Mann gern sehr elegant auftrat, man braucht sich dazu nur die Fotos, die schönen Anzüge, die korrekt geknöpften Westen und das sehr sorgfältig gekämmte und in der Mitte gescheitelte Haar anzusehen, André hätte nicht versäumt, einen Blick hineinzuwerfen.

Der Spiegel war am Vortag an die Wand gehängt worden. Er füllte den gesamten Raum zwischen den beiden Fenstern des Salons mit seinem dicken, kupferfarbenen Rahmen aus, der, leicht barockisierend, mit Blattwerk und ineinander verflochtenen Zweigen verziert war, wie es dem Stil der damaligen Zeit entsprach, und mit den geometrischen Mustern auf blauem Stoff, mit dem die Wände bespannt waren, gut harmonierte.

Alles war nach den Plänen meiner Großmutter ausgeführt worden. Sie hatte alles zusammengeträumt, organisiert, vorgesehen, alles mit dem Architekten vorgezeichnet. Das Gebäude war noch nicht fertiggestellt, es gab noch keinen Strom, die Weils waren die allerersten, die sich in ihrem neuen Vogelbauer auf die Stange setzten. Und sie lachten. Sie waren lebendig und lachten. Mein Großvater rieb sich die Hände, ein friedlicher, mit seinem Leben zufriedener Elsässer, der nichts weiter verlangte, als daß auch seine Familie zufrieden sei.

An diesem Nachmittag stand ich inmitten eines Zimmers, das von Echos widerhallte wie am Tag ihres Einzugs, und mir wollte der Gedanke nicht aus dem Kopf, daß von einem Augenblick zum anderen die Tür aufgehen würde und die vier Weils mit den Umzugsleuten im Gefolge hereinkämen, die schwitzten und stöhnten: sechs Etagen hoch und der Aufzug noch nicht eingebaut! Meine Großmutter würde die Anweisungen geben; den Flügel, den herrlichen Bechstein, hierher, den Empire-Schreibtisch in das Sprechzimmer des Herrn Doktor, den modernen Schreibtisch nach oben in die 7. Etage. Hierher die Anrichte und dort gegen die Wand den hübschen, kleinen, im Stil des 18. Jahrhunderts bemalten Schreibsekretär, den ganzen Stolz meiner Urgroßmutter Hermine Solomonowna, die überzeugt war, daß dieses »Schmuckstück« eines Tages ihren Nachkommen zu Reichtum verhelfen würde. (Ich wußte seit kurzem, daß dieses berühmte »Schmuckstück«, das durch eine Putzfrau aus den Klauen der deutschen Besatzer gerettet worden und in die Rue Auguste-Comte zurückgekehrt war, keinen großen Wert hatte.)

Sobald der Bechstein an die richtige Stelle gerückt worden war, würde meine Großmutter etwas darauf spielen und dann ausrufen, daß man dringend den Klavierstimmer holen solle. Mein Großvater würde sie darauf hinweisen, daß es noch keinen Telefonanschluß gebe.

Und während dieser Zeit habe ich, ihre undankbare Enkelin, gegen sie gearbeitet, die Zimmer Stück um Stück, wie meine Großmutter sie möbliert hatte, ausgeräumt, das »Schmuckstück« zu meiner Schwester in die Vereinigten Staaten verschickt und zuletzt die Erlaubnis gegeben, den riesigen Spiegel in seinem barocken Rahmen abzunehmen. Er wurde abgehängt und in seine Teile zerlegt. Auf den Schultern der Teilhaber Monsieur Tambourinis, seines Zeichens Trödelhändler, verließen diese die Wohnung als letzte.

Die blassen Blütenblätter

Diese fast unendliche Verletzlichkeit … schrieb Simone im Jahr meiner Geburt.

Wir können daran anläßlich aller Freuden denken. Man dürfte es nicht, wenn dieser Gedanke dazu angetan wäre, die Freude zu trüben oder zu mindern. Aber so ist es nicht. Die Freude wird dadurch nur von eindringlicherer und ergreifenderer Süße, so wie die Zartheit und Verletzlichkeit der Kirschblüten deren Schönheit steigert.

Es regnet auf Tokio, es regnet Blütenblätter, blaßrosa Blütenblätter. Auf die schmalen, etwas ärmlichen Straßen von Tsukidji, dem Hafenviertel, regnet es Blütenblätter. Blütenblätter regnet es auch auf die Riesenkadaver der Thunfische. Und auch auf die eleganten Damen im Kimono, die mit winzigen Schritten in den schönen Vierteln der Ginza umhertrippeln.

Auf die dunklen Röcke der geschäftigen Ameisen, die ich, die dumme, mit einem Dutzend Wörtern gewappnete Analphabetin, nach dem Weg frage, regnet es blasse Blütenblätter.

Die dumme Analphabetin läuft mit großen Schritten durch die Straßen von Tokio und lacht ganz alleine. Lacht, daß sie mitten in die Maßlosigkeit hineingeraten ist. Sie lacht über die Rolltreppen, die sie gen Himmel tragen, sie lacht, weil sie von den komplizierten, netzartig angelegten Hochgehsteigen auf die breiten Straßen hinunterschaut, die beidseitig von senkrechten, vielfarbigen, unter der Sonne gleißenden Glasfassaden gesäumt sind. Selbst wenn es vorkommt, daß sie in Angst und Verwirrung gerät, ja, wirklich in Angst, eine Zwergin, eine Ameise unter Ameisen zu sein, noch dazu eine dumme und des Alphabets unkundige Ameise, selbst wenn sie sich zurückhalten muß, um sich nicht einem australischen Ehepaar in die Arme zu werfen, mit dem sie ein paar echte vollständige Sätze in einer vertrauten Sprache austauscht, lacht sie.

Als japanische Freunde ihr vor ihrer Reise ankündigten, daß sie die Kirschblüte miterleben würde, hatte sie höflich geantwortet: »Oh ja, die Kirschblüte, das wird schön sein, ich freue mich darauf.«

Sie hatte sich keinen Begriff davon gemacht. Sie wußte nicht, daß sie tagelang unter einem Regen von Blütenblättern herumwandern würde, daß sie rosa Ströme sehen würde, sich nachts langen, langsamen Prozessionen anschließen würde, dunklen Strömen, die parallel zu den blassen Blütenblätterströmen dahinflossen, und daß sie wie alle anderen jetzt einen Fotoapparat ganz hoch halten würde, um ebenfalls ein winziges Stück der weichen, glänzenden, rosa Masse zu erhaschen und zu besitzen.

Vor Vergnügen lacht sie unter dem Schauer von Blütenblättern, die sogar durch Straßen wirbeln, in denen kein einziger Baum steht.

Vor Überraschung lacht sie an einem Vollmondabend in einem tristen, öden Viertel an der Ecke einer Fabrik vor der siegreichen Blässe eines schütteren Kirschbaums, unter dem Männer in Schirmmütze und Frauen mit verheerten Gesichtern trinken und singen.

Sie lacht, wenn sie mit beiden Händen Blütenblätter aufhebt, als sei es wunderschöner, leicht rosafarbener Pulverschnee.

Sie hatte nicht vorausgesehen, daß sich eines Tages ein zartes, fast durchscheinendes Blütenblatt auf den Ärmel ihres schwarzen Regenmantels setzten würde, während sie reglos stehenbleiben und ihren Atem anhalten würde, damit es nicht fortflog, sie hatte nicht vorausgesehen, daß ihr plötzlich ihre Mutter erscheinen würde, wie sie, gebrechlich und fröhlich, unter einem blühenden Kirschbaum ausgestreckt auf der Erde liegt und sagt, daß sie sich gerne von dieser schönen rosa Wolke erfassen lassen und fortfliegen würde und, ja, daß sie ganz in die blasse Süße des Kirschbaums einsinken wolle. Ihre blauen,

Eveline und André Weil 1949

weit geöffneten Augen sehen, verwundert wie die einer Puppe, zu der Fülle blasser Blütenblätter auf, nur wenige Tage bevor sie, die arme verwelkte Blüte, unter einem anderen Kirschbaum beerdigt wird.

Sie hatte nicht vorausgesehen, daß sie von diesem Augenblick an, diesem Augenblick mit dem blassen Blütenblatt auf ihrem Ärmel, zwar noch lachen, dennoch aber unerklärlichen Anfällen unterliegen würde, die ihr in den unerwartetsten Augenblicken den Atem nehmen, das Herz beklommen machen würden, z.B. vor den in einem Souvenir-Geschäft aufgereihten *Kokeshis*, den arm- und beinlosen Püppchen mit dem runden, wackelnden Kopf, die ihre Mutter so über alles liebte, vielleicht, weil sie so einfach und sichtlich zerbrechlich waren. Oder auch, dummerweise, beim Vorüberfahren eines Taxis, weil ihr Vater immer davon sprach, ein »Takushi zu nehmen«, als er von einem langen Aufenthalt in Japan zurückgekehrt war,

Unter dem Regen der blassen Blütenblätter läuft sie immer weiter, kommt vom Weg ab, findet ihn wieder, entschuldigt sich, bittet um Vergebung, verneigt sich und lacht über all die Verbeugungen, die das Leben im Ameisenhaufen in kleine Abschnitte unterteilen. Sie schüttelt ihr Haar, auf das sich Blütenblätter gesetzt haben. Aber die Unbefangenheit, die wunderbare Selbstsicherheit, die glatte Außenhaut der abgespannten, aber ruhigen Touristin sind ihr abhanden gekommen. Von nun an ist sie ein getroffener, ein verletzter Mensch, sie fühlt sich ebenso wackelig und gebrechlich wie die *Kokeshis*. Gebrechlich wie ihre Mutter, als sie von einer Wolke aus Blütenblättern erhascht wurde.

In Yokohama bläst der Wind. Ein Gestöber aus blassen Blütenblättern geht auf den riesigen Platz eines der größten Einkaufszentren des Planeten, des nagelneuen Minato Mirail 21, nieder. Was aber ein ganz kleines Mädchen mit rotem Hut, ein Mädelchen des 21. Jahrhunderts, das noch nicht fest auf den Beinen steht, nicht davon abhält, den Tauben am Fuße des höchsten Riesenrades der Welt nachzulaufen.

Genauso war vor langer, langer Zeit ein kleines Mädchen in New York den Tauben nachgelaufen, unter den wachsamen Augen seiner

Großeltern, die Flüchtlinge waren, Trauer trugen und in einer Welt, die mit der ihren nichts gemein hatte, gedemütigt wurden.

Heute wird Bernard für unsere Prinzessin ein Regenmäntelchen einkaufen, denn es regnet oft, schrieb meine Großmutter.

Unter dem ungeheuren, dröhnenden Rad von Minato Mirail stelle ich, die dumme, der Sprache unkundige Ameise, der die Tränen in die Augen steigen, mir plötzlich vor, wie mein Großvater auf der Suche nach einem Regenmäntelchen in einem Kaufhaus, in dem keine ihm bekannte Sprache gesprochen wird, umherirrt. Damit kein Schauer, kein Nieselregen sein Prinzeßchen daran hindern kann, den Tauben nachzulaufen. Ob es wohl auch vorkam, daß mein Großvater in seinem Exil in der Neuen Welt zufällig einem anderen elsässischen Juden begegnete, mit dem er, sich die Hände reibend, eine paar alte dumme Witze austauschte? Und mit dem er sich einen Augenblick lang in eine stille Gasse von Wolfisheim versetzt wähnte?

Die Kleine mit dem roten Hütchen geht vor mir vorbei. Ich lächele ihr zu. Sie verneigt sich tief vor mir. Auch ich verneige mich tief vor ihr. Sie lacht und läuft davon. In einigen Wochen wird es fern von hier rosa Blütenblätter auf das Grab meiner Eltern regnen.

Epilog

Ein äußerst sympathischer Mann, dem ich begegnet war, als er gerade an einem Projekt über Simone Weil arbeitete, erklärte mir am Ende eines unserer Gespräche:

– Zumindest bei Ihnen habe ich Glück!

Ich lächelte schon, merkte auf, spitzte die Ohren, denn Komplimente hört man immer gerne. Ich erwartete also ein Kompliment über meine Art, zuzuhören, über meinen Sinn für Humor, meine gescheiten Ansichten oder meinen persönlichen Charme. Das Kompliment kam in unerwarteter Form:

– Ich hätte ja auf jemanden mit einer erblichen Belastung stoßen können!

Dies wurde äußerst freundlich, ohne jede Ironie und Anbiederei gesagt. Er schien aufrichtig zu meinen, daß er gerade noch einmal davongekommen sei … Zugegebenermaßen blieb mir eine Sekunde lang die Sprache weg.

– Erblich belastet?

– Nun ja, als letzte einer alten Sippe eben. Zuerst die Großeltern, die, wenn auch nicht genial, zumindest außergewöhnlich gewesen sind, da sie zwei Genies in die Welt gesetzt und großgezogen haben, Simone und André. Danach die beiden Genies. Bei der dritten Generation trat es dann weniger klar zutage.

– Somit hätten André und Simone den der Familie Weil zugestandenen Vorrat an grauen Zellen aufgebraucht?

– Ja, so in etwa …

– Statistisch gesehen müßte ich demnach einen erblichen Makel haben?

Er lächelte. Nickte.

Ich habe wie eine Verrückte losgelacht. (Simone, meine Großeltern und mein Vater, die gemeinsam einen eigenen Wortschatz und eine ganze Menge von Ausdrücken besaßen, die ich in den Familienbriefen sowie in den Schriften meiner Tante wiederfinde, hätten gesagt: Ich habe mich vor Lachen gekringelt.)

Diese Unterhaltung fällt mir von Zeit zu Zeit wieder ein. Man kann sich gar nicht vorstellen, wie glücklich und stolz ich bin, erblich nicht gänzlich belastet zu sein.

(Photo B. Randol)

Sylvie Weil ist *Agrégée* in klassischer und französischer Philologie. Sie lehrte in Frankreich und den Vereinigten Staaten, besonders am Barnard College, am Bennington College und an der City of New York University. Vor einigen Jahren hat sie das Lehramt aufgegeben, um sich ganz der schriftstellerischen Tätigkeit zu widmen.

Sie veröffentlichte Novellen in verschiedenen literarischen Zeitschriften in Frankreich (Encres Vagabondes, Cahiers de l'Alliance Israélite, Festival de Saint-Quentin und Le Monde) sowie in Québec und in Großbritannien. Ihr Schauspiel *Une roue de moto dans le salon* wurde 1994 im Théatre Daniel Sorano und 2005 im Théatre de la Huchette aufgeführt.

Sie nahm teil an den Internationalen Schriftsteller-Treffen in Québec (2000) und in Vancouver (2004) sowie am Festival de la Nouvelle de Saint-Quentin (1989 und 1995).

Ihre Jugendromane wurden in den Vereinigten Staaten übersetzt und veröffentlicht.

Veröffentlichungen:

Chez les Weil, Erzählung, Buchet-Chastel, 2009
La Bulle Cauchemar, Roman, Joëlle Losfeld, 2005
A New York il n'y a pas de tremblements de terre, Novellen, HB (1. Auflage bei Flammarion, 1984), ausgezeichnet mit dem Prix George Sand
Jeux, Novellen, HB, 2000
Les Vendanges de Rachi, Roman, Flammarion, 2000
Le Jardin de Dima, Novellen, Flammarion, 1995
Les Reines du Luxembourg, Roman, Flammarion, 1991

Für das Theater:

Une roue de moto dans le salon, ALNA, 2005

Für die Jugend:

Jonas, le poisson et moi, école des loisirs, 2006
Elvina et la fille du roi Salomon, école des loisirs, 2004
Le miroir d'Elvina, école des loisirs, 2002
Le mazal d'Elvina, école des loisirs, 2001, ausgezeichnet mit dem Prix Sorcières